財産의 起源과 村落共同體의 形成

The Origin of Property
and The Formation of The Village Community

Jan Stanislaw Lewinski 著

정동호 · 김은아 · 강승묵 共譯

세창출판사

The Origin of Property

and The Formation of The Village Community

렉스톤

웨스트필드와 밀필드의 일부

- 공유목장
- 1호 농장
- 2호 농장

축척 $\dfrac{1}{9000}$

100 50 0   100   200   300   400 야드

◀ 이와 유사한 촌락공동체((村落共同體; The Village Community in Siberia)는 잉글
랜드(England), 스코틀랜드(Scotland), 웨일스(Wales), 독일(Germany), 벨기에
(Belgium) 등 여러 곳에서 찾아볼 수 있다. 그 대부분은 마이첸(Meitzen)의 저서
(*Siedelung und Agrarwesen der Westgermanen und Ostgermanen, der
Kelten, Römer, Finnen und Slaven.* Berlin. 1895)에서 옮겨 놓은 것이다.
[이 지도는 슬래터 박사(Dr. Slater)의 허락을 얻어, 그의 저서(*English Peasantry
and the Enclosure of Common Fields*)에서 옮겨 놓은 것이다.]

저자서문

필자는 2년여 전에 카우프만 교수(Prof. Kaufman)의 "시베리아의 촌락공동체(村落共同體; The Village Community in Siberia)"*라는 논문을 접했을 때, 재산(財産; the property)의 원시적 형태를 다룬 러시아(Russia) 문헌이 상당히 많이 존재한다는 사실을 알고 관심을 갖게 되었다. 필자는 이러한 자료들이 일반적인 재산의 형성에 관한 여러 가지 문제에 새로운 시각을 부여할 것이라고 생각하였고, 러시아문헌을 이해하는 데 발생하는 어려움도 극복하게 해주었다는 점에서 러시아문헌을 접하게 된 것에 큰 의미를 가지게 되었다.

필요한 대부분의 문헌이 러시아 이외에 영국박물관(英國博物館; the British Museum)이나 다른 도서관에는 없었기 때문에, 필자는 1911년과 1912년에 걸쳐 상트페테르부르크(St. Petersburg)에 여행을 한 바 있다.

그 때 필자는 농무장관(農務長官; Minister of Agriculture)인 크리보샤인(Krivoshein) 및 농무부의 여러 공무원들로부터 많은 도움을 받았다. 그들은 친절하게도 이 책에서 인용된 대부분의 저서를 제공해 주었을 뿐만 아니라 러시아 촌락의 지도를 구해 주기까지 하였다. 또한 아낌없이 조언해 준 카우프만 교수에게도 감사를 드리는 바이다.

필자는 여러 가지 편의를 베풀어주신 경제학교(the School of

---

* Beiträge zu Kenntnis der Feldgemeinschaft in Sibirien. Brauns Archiv für soziale Gesetzgebung und Statistik, 1896. 또한 시베리아에서의 재산에 관한 독일문헌은 두 개가 있다: Simokowitsh의 *Die Feldgemeinschaft in Russland*(1898), A. A. Tschuprow의 *Die Feldgemeinschaft*(1902).

Economics)의 교장인 펨버 리브즈(the Hon. W. Pember Reeves)에게도 깊은 감사를 드리는 바이다. 또한 필자의 모든 어학상 결함을 바로잡아 준 다우손(Dawson)에게도 고맙게 생각하는 바이다.

1913년 1월

레빈스키(Lewinski, Jan Stanislaw)

이 책에 인용된 러시아 문헌 *

1. 관공서의 출판물

Lichkow. Formui Zemlevlajeniya. (Irk. gube.)

Dubienskij. Formui Zemlevlajeniya(Eniseigub.)

Transcaucasia. Svadmaterialov po izu heniso ekonomicheskago buita gostarstvennuif kreschan Zakavakazskago kraya 1888, Tifris. 4 vol.

West Sib. Material dlya izucheniya ekonomicheskago buita gosudarst venuif kpeschan i inorodtsef v. Zapadnoi Sibiri 21 vol.

T. T. Kreschanskoe Zemlepoli Zowanie i hojaistvo v Tovolskoi i Tomskoi guberniyaf. 1894. 428 pp.

Krol. Visochaishe uchire onnaya pod predsedatelistvom kulokzina kommissya glya izsledovanii Zemlevlajeniya i Zemlepolizovaniya v Zapaikalskoi oblasti. M. Krol. Formui Zemlenolizovaniya. 1898, vol. X. 497 pp.

Kirg. Material po Kirgizskomu zemlepolizovaniyu, sobrannui i razrabotannuie expeditsiei po izsledovaniso stepnuif oblastei 1898-1909, 13 Vol.

Rumianzew. Material po obsledovaniyu tuzemnago i russkago starojiricheskago hojaistva i Zemlepolizovaniya v Semirechenskoi oblasti. Sobrannui i razrabotannuie pod rukovodstvom P. P.

---

* 여기에 실린 문헌은 영국박물관(英國博物館, the British Museum)에 소장되어 있는 것으로 BM으로 표기하고, 목록번호도 붙였다.

Rumianzewa. S. Petersburg, 1911, 633 pp.

2. 개인의 저작물

Bolshakow. Obschina i Zuiryan (jiwaya Starina 1906 y.r15).

W. W. Kreschanskaya obschina. (Itogi ekonomicheskayo izsledovaniya Rossi po dannuim Zemskoi statistiki t. I) Moscow, 1902. 160 pp.

Efimenko. Izsledovaniya narodnoi jizni. Izdanie V. U. Kasperova. Moscow, 1884.

Grodekow. Kirgizui i karakirgizui Sui-Darinskoi oblasti. tom. I. Yuridicheskii buit, Tashikent, 1889, 298, 201 pp.

Kachorowski. Ruskaya obschina, Vozmojino li, Jelatelino li eya sohranenie i razvitie? Moscow, 1906. (2-e izdanie) 362 pp.

Kaufman. Kreschanskaya obschina v Sibiri. (po mestnuim izsledovaniyam 1886, 1892) Petersburg, 1897, 277 pp.

Kaufman. Zemelinniya otnosheniya i obschinnuie poryadki v Zabaikalie po mestnomy izsledovaniya 1897. (Irkusk. 1900) 179 pp.

Kaufman. K. woprosu o. proishojjenii ruskoi Zemelinoi obschinui Moscow, 1907, 71 pp.

Kaufman. Ruskaya obschina V prossese eya Zarojdeniya i rosta. Moscow, 1908, XVI., 455 pp.

Pawlow-Silwanskij. Feodalizm V ujelinoi Rusi. Petersburg, 1910, 504 pp.

Segal. Kreschauskoe Zemlevlajenie v Zakavkazie. Tifris, 1912, 154 pp.

Sheroschevskii. Yakuts (Izdanie Imperatirskago ruskaio geografi-cheskago obschestva) Petersbug 1896, 719 pp.

Filimonow. Formui Zemlevlajeniya v semerno Zapadnom Barane.

Kharuzin. Swedeniya o Kazatkif obschinaf na Donu. Moscow, 1885, 388 pp.

Shvetzow. Gornui Altai i ego naselenie, t. I. Kochevniki biiskago uezda. Barnaul, 1900, 300, 168 pp. (Izdano Statisticheskim otojelom pri glavnom upravlenii Altaiskago okuruya).

Shcherbina. Zemelinaya obschina Kazanskuf Kazakof.

차　례

제1장 서　론

제2장 재산(財産)의 기원

제3장 촌락공동체(村落共同體)의 기원과 그 발달

제4장 결　론

제1장

서 론

1. 문헌자료의 부족

경제생활의 원시적 형태를 연구하는 역사학자(歷史學者; the historian)는 과거의 경제조직(經濟組織; the economic organizations)에 관하여 아주 불완전한 관념만을 제공해 주는 문헌(文獻)에 만족할 수밖에 없는 것이 대부분이다. 그러한 기록은 오늘날 우리가 관심을 갖고 있는 여러 가지 문제에 관하여 제대로 모르는 사람들이 썼고, 또한 그 내용도 단편적이기 때문에, 과거의 경제생활의 실상(實狀)을 명료하게 보여주는 것이라고는 할 수 없다.

따라서 문제의 해결을 위해 다른 영역의 자료를 이용하여 확실치 않은 기록자료를 보충해야 할 필요가 계속적으로 존재한다. 오늘날에도 우리가 수준 낮은 문명에서 살아가고 있는 야만인(野蠻人)의 생활에 대하여 많은 관심을 기울이는 것은 바로 그 때문이다.

2. 비교방법

헨리 메인 경(Sir Henry Maine)도 위와 같은 방법을 채용하면서 "우리는 동시대의 상당수의 사실(事實; facts), 관념(觀念; ideas) 및 관습(慣習; customs)을 취하여, 단지 과거의 형식에 관한 역사적 기록뿐만 아니라, 오늘날까지도 이 세계에 현존하는 실례로부터 이와 같은 사실, 관념 및 관습을 지난날의 형식을 추론함으로써 알 수 있다. …… 그리하여 직접적 관찰은 역사적 연구의 기초자료가 되고, 역사적 연구는 직접적 관찰에 도움을 주게 된다"라고 한다.[1]

이러한 방법의 채용은 재산의 기원에 관한 연구에 크게 영향을 미친 바 있다. 인도(India), 러시아(Russia) 및 자바(Java) 등에서의 촌락공동체(村落共同體; the community of the village)의 존재는 개인재산(個人財産; individual property)이 공유재산(公有財産; communal property)으로부터만 진화된다는 메인(Maine)과 라벨레이예(Laveleye)의 이론에 기초를 두고 있다.

3. 재산기원론의 고찰을 위한 새로운 자료

오늘날은 우리가 접할 수 있는 자료가 훨씬 더 많이 확보되었기 때문에 아주 좋은 상황에서 재산의 기원 문제를 다시 검토해 볼 수 있게 되었다. 그 중에서도 특히 러시아의 자료가 풍부해졌는데, 러시아 정부는 이미 30년 이상 시베리아(Siberia) 여러

---

1) Sir Henry S. Maine, *Village Communities in the East and West*, 3rd ed., London, 1876, pp.6, 7.

지방의 유목민과 정착민의 재산형태를 조사·연구해 온 바 있다.

이와 같은 아주 상세한 연구는 유럽 전역에 필적할 만한 면적과 인종 및 경제상태가 매우 다른 여러 민족에 걸쳐서 실시된 것이다.

카우프만 교수(Prof. Kaufman), 볼샤코프(MM. Bolshakow), 두비엔스키(Dubiensky), 크롤(Krol), 리흐코프(Lichkow), 셰르비나(Shcherbina), 셰베쵸프(Shvetzow), 세로쉐프스키(Sieroszewski)와 같은 법률가, 경제학자, 통계학자, 정치적 유배(政治的 流配; political exiles)에 묶여 있던 관료들 및 기타의 많은 사람들이 키르기스족(the Kirgizes), 부랴트족(the Buriats), 야쿠트족(the Yakuts), 러시아 농민(Russian peasants) 등을 기초로 한 자료를 통해 소유권에 관한 고귀한 연구를 우리에게 전해 주고 있다.

이 점에 관한 러시아 자료의 가치는 단순히 어느 한 시대에 있었던 재산의 형식을 기술하는 것에 그치지 않고, 그 발전단계마다 달라지는 모습을 관찰할 수 있는 기회를 주었다는 점에서 특별히 의미가 있다고 할 수 있다.

러시아 이외의 토착민(土着民; native races) 사이에서 존재하는 재산의 형식에 관한 우리의 지식은 그다지 충분하지 못하며, 이는 매우 유감스러운 일이다. 인도(India)와 자바(Java)를 제외하고는 특수한 연구가 전혀 이루어지지 못한 상태이다. 지금까지 전해오고 있는 기록들은 목초지(牧草地; meadows), 방목장(放牧場; pastures), 삼림(森林; forest), 그리고 경작지(耕作地; arable land)에 대한 소유형태가 전혀 구별되지 않은 채 단순히 공유 또는 사유로 구별하는 정도의 여행자나 인종학자의 피상적인 기록뿐이다.

유럽에서의 재산의 역사에 관한 자료는 훨씬 그 가치가 크다고 할 수 있다. 마우러(Maurer)의 연구나 영국의 촌락공동체에 관한 연구자들의 연구는 우리의 연구에도 큰 도움이 되었다. 이

들의 연구는 많은 사례에서 필자가 내렸던 일반적 결론을 증명
하는 데 도움을 주었으며, 필자가 보기에 시베리아에서의 재산의
형식이 발전해 온 모습에 관한 새로운 지식은 이들 역사적인 문
제점에 신선한 빛을 던져 주는 것이라고 생각된다.

4. 본 연구에 적용한 방법

　　재산의 기원과 촌락공동체의 형성에 관한 연구에서 필자가
채택한 방법은 일반적인 경제이론(經濟理論; economic theory)의 연
구방법과 같은 방법이다. 즉 인간(人間)과 재화(財貨)의 관계는 인
간의 욕망(慾望)을 충족시키는 데 필요한 만큼을 얻으려고 하고,
가능한 한 많은 양의 물건을 얻으려고 하며, 그리고 가능한 최소
한의 노력에 의하여 얻으려고 하는 바람을 주안점으로 한다는
경제원칙(經濟原則; the economic principle)에 의하여 결정된다는
가설(假說; the assumption)에서 출발한 것이다. 필자는 언제나 특
정한 상황에서 보통 사람들이 이 원칙에 따라 어떻게 행동하는
지를 찾아내려고 노력하였다. 이를 통해 몇 가지 일반론을 정립
하였고, 아울러 이들 이론이 어느 정도까지 우리가 살아가는 현
실과 부합하는지를 고찰하였다.

　　필자가 취한 이와 같은 경제학적 태도는 연역적(演繹的; pri-
ori)인 고찰에 기인한 것이 아니다. 이 문제의 상세한 연구를 계
속하면서 이러한 방법의 적용에 의해서만 연구하고자 하는 욕구
를 충분히 알게 해 줄 수 있다는 사실을 확신하게 되었다. 그래
서 필자는 재산형성(財産形成; the formation of property)의 모든
과정을 다음과 같은 4가지의 간단한 요소(要素)로 정리할 수 있
게 되었다.

1. 경제적 법칙(經濟的 法則)
2. 다수력(多數力)의 법칙
3. 인구(人口)의 증가
4. 인간의 욕망과 자연(自然)과의 관계

이 책을 읽고 난 독자들은 여기에 열거한 여러 가지 사실이 피상적이지만은 않을 것이라 생각한다. 그리고 결론(結論)에서 이러한 요소의 결합이 어떻게 하여 다양한 재산형태를 만들어 냈는지를 상세하게 설명하려고 한다.

이 책은 재산발달(財産發達; the evolution of property)의 원류를 명백하게 밝히려는 데 그 목적이 있다. 러시아 학자들이 제시한 세세한 부분에 좀더 관심이 있는 사람들은 카우프만 교수(Prof. Kaufman)의 명저(名著)인 『러시아의 촌락공산제』(Ruskaïa Obshchina; The Russian Village Community)2)를 참고하면 좀더 자세한 내용을 찾아볼 수 있을 것이다. 또한 필자는 이 책의 번역·편찬이 러시아어에 능통하지 못한 역사학자와 경제학자들에게 많은 도움이 될 것으로 생각한다.3)

---

2) Moscow, 1908, 455 pages.
3) 동일한 주제를 다룬 매우 훌륭한 러시아 문헌이 있는데, 카쵸로프스키 (Kachorowski)의 연구로서 "러시아형 촌락공동체(*Ruskaïa Obshchina*)"이다. 카우프만 박사의 책은 아시아에 근접한 러시아 지역의 유목민족들이 경제적·사법적 상황에 대해 자세한 부분을 기술한 내용을 포함하고 있으므로 좀더 구체적으로 설명되어 있다.

제2장

재산(財産)의 기원

1. 소유의 정의

경제학자이면서 그 자신이 연구하고 있는 현상에 관한 정의 (定義; definition)를 내리지 못하고 있다면 그 사람이야말로 현상에 대한 파악을 끝낸 사람이라고 말할 수 있다. 이는 한편으로는 맞는 얘기지만, 반면 어떠한 정의는 관념을 명확하게 하는 것이라기보다는 오히려 불명확하게 하는 경향도 있기 때문에 맞지 않는 얘기일 수도 있다. 어떻든 정의를 내리려는 많은 시도가 성공하지 못하고 끝났음에도 불구하고, 어휘의 불확실성(不確實性; the vagueness)이 불분명한 문제를 이해하는 것을 한층 더 어렵게 만들었다고 하는 것도 결코 틀린 말이 아니다.

예를 들어 많은 사람들이 유목민들 사이에서의 공동소유(共同所有; common property)를 언급하였다는 사실은 반대로 앞선 연구자들이 소유(所有; property)의 특질을 연구하지 않았기 때문에 나타나는 사실이다. 그렇기 때문에 필자는 우선 소유에 대한 정의를 내리고 난 뒤 이 연구를 계속해 나가려고 한다.

소유(所有; property)란 무엇인가?

소유는 객체의 사용·처분 등의 배타적 권리(排他的 權利)를 부여하는 영구적 점유(永久的 占有)이다. 단순한 사용과 배타성은 소유를 구성하기에 충분한 특질이 아니다. 예컨대 공원에서 축구를 하는 사람들은 경기를 하는 동안 그 운동장을 둘러친 줄에 의하여 표시된 바대로 그들이 점유하는 장소를 사용하는 배타적 권리만 가지고 있을 뿐이다. 그들의 권리는 영구적인 것이 아니며, 매각(賣却; sale), 양도(讓渡; transfer) 또는 유증(遺贈; bequest) 등에 의하여 이를 처분할 수 있는 권리를 갖지 못하기 때문에 그들은 당해 토지의 소유자가 아니다. 마찬가지로 호텔 객실, 철도, 도서관 등의 좌석 점유자에 관하여도 적용된다.

영구적 한계가 있다는 것을 소유권개념과 혼돈하여서는 안된다. 각각의 국가는 상대적으로 분립되어 있지만, 그 각 영역을 사유(私有)하는 것은 아니다. 오직 시민(市民; the citizens)이나 공공단체(公共團體; the public bodies)만이 토지의 일정한 부분을 처분할 수 있는 권리를 갖고 있는 한, 시민과 공공단체가 당해 토지의 소유자이다.

2. 유목민들의 재산개념의 부지(不知)

재산으로서 토지를 소유하는 권리가 항상 존재하였던 것은 아니다. 순수한 유목민 사이에서는 이러한 형태의 소유권은 전혀 마련되어 있지 않았다. 왜냐하면 그들은 한 곳에서 다른 곳으로 항상 옮겨 다녀야 했고, 어느 한 토지에 정착하였던 것은 가축의 사료가 공급되는 동안만 거주하였기 때문이다. 그들은 떠나 온 땅에 관하여는 더 이상 이해관계를 갖지 않았다. "북쪽에서부터 남쪽에 이르기까지 수백 킬로미터에 걸쳐 방랑하고 계속 이동하면서 생활해야 했던 원시 유목민(原始 遊牧民; the primitive nomads)은 어떠한 방식으로든지 일정한 토지에 정착하거나 특별한 지방색을 갖는 일도 없었고, 그 결과 토지소유와 같은 것은 그들 사이에 존재하지 않았다"라고 셰르비나(Shcherbina)는 서술하고 있다.[1]

오늘날까지도 야쿠트족(the Yakouts)은 토지를 소유하는 권리를 전혀 이해하지 못한다. 그들은 상인들이 임야를 매수한다면 "참으로 어리석은 사람들이다. 왜 그런 데에 돈을 쓰지? 그 땅 주위에 뭐 쓸 만한 나무가 있는가?"라고 할 것이다.[2]

기르케(Gierke)에 따르면 "유목민은 진정한 가경지(可耕地; the soil)의 소유권(所有權; the ownership)의 의미를 이해하지 못한다. 유목민에게 있어서 토지(土地; the land)는 공기나 바다가 우리에게 주는 가치 이상이 아니다"라고 한다.[3] 힐데브란트(Hildebrand)는 이 의견을 뒷받침해주는 많은 사례를 제시해주었다.[4] 굼플로비치(Gumplowich)는 원시민족(原始民族; the primitive tribes)에 관하여 "유목민의 각 구성원이 점유 또는 정주하고 있는 토지에 대해 가지고 있던 공동소유의 본질은 소유권이 아니라 단순한 공동사용(共同使用; a common use)에 불과하다"라고 한다.[5]

---

1) Kaufman, p.91.

2) Sieroszewski, *12 lat w kraju jakutòw*, p.273.

3) Gierke, *Rechtsgeschichte der deutschen Genossenschaft*, Ⅰ. p.53.

4) R. Hildebrand, *Recht und Sitte auf den primitiven wirtschaftlichen Kulturstufen*, 2nd ed., 1907, pp.45, 46.

5) S. Gumplowich, *Grundriss der Sociologie*, p.113.

3. 경계의 발생기초

순수한 유목생활의 시기에는 소유권뿐만 아니라 서로 다른 종족간의 구별도 존재하지 않았다. 오늘날까지도 이러한 상태에 있는 키르기스족(the Kirgiz) 사이에서는 모든 토지를 유목민 전부,[6] 그리고 이방인(異邦人; the strangers)까지도 자유롭게 사용할 수 있도록 하늘에서 내려준 선물이라고 여긴다.[7]

야쿠트족은 그들의 영역이 어디까지인가라는 질문을 받게 되면, "누가 그것을 알겠는가? 우리들은 우리가 살고 있는 곳이 우리의 영토(領土)라고 생각한다"고 답하였다.[8]

부랴트족이 사용하는 방목장은 토착민이든지 이방인이든지 여부를 불문하고, 모든 사람들이 아무런 제한 없이 사용할 수 있도록 개방되어 있다.[9] 흉년이 들면 그들은 가축을 퉁구스족(the Tunguses)이 점유하는 지역으로 옮겨서 방목하지만 어느 누구도 이를 항의하지 않는다.[10]

수렵민족(狩獵民族; the hunting peoples) 사이에서도 이와 같은 현상을 찾아볼 수 있다. 수백 킬로미터나 멀리 떨어져 살아가고 있는 츄에츠인(the Chuets)과 타타르인(the Tartars)으로 구성된 알타이 원주민(the aborigines of Altai)은 이따금씩 아무런 제한을 받지 않고, 그들의 각 지역을 옮겨다니면서 지낸다.[11]

---

6) Kaufman, pp.61, 62.

7) Kirg., VI. p.35.

8) Sieroszewski, s. c., p.273.

9) Krol, p.64.

10) *Ibid.*, p.65.

11) Shvetzow, p.138.

4. 경계의 존재

좀더 시간이 흘러 서로 다른 종족 사이에 한계가 생겨나기 시작하면서 종족 내의 각 구성원은 가경지의 사용에 관하여 동등한 자유를 보유하게 된다. 이것은 우리가 전세계에 걸쳐서 알고 있는 바이다. 다르검(Dargum)은 일반적으로 유목민에 관하여 "어느 누구라도 자기가 하고 원하는 대로 방목장(放牧場; pasture)을 사용할 수 있다. 그러나 지역공동체(地域共同體; the Community)는 방목장을 처분할 권리를 갖지 못한다"고 하였다.[12]

따라서 이들에 대해 일부 학자들의 주장처럼 공유재산(共有財産; common property)이 존재하였다는 주장은 상당한 오류이다. 이러한 오류는 경계의 존재와 재산의 관념을 혼동하여 발생한 오류이다. 유목민 사이에서 사회와 토지와의 관계는 독일의 법률가인 기르케(Gierke)가 지적한 바와 같이, 오늘날 국가가 그 영토에 대하여 가지는 국제적 권리(國際的 權利; the international right)와 유사하고 토지소유(土地所有; a domains)에 관하여 가지는 권리와 빗댈 것은 아니다.[13]

우리는 어떤 물건을 처분할 수 있는 권리가 사자(死者)의 유족(遺族)에게 없는 한 그 물건을 재산이라고 부를 수도 없으며, 각 구성원이 자기가 원하는 곳의 토지를 취득할 수 있다면 당해 토지를 공유재산이라고 불러서도 안 된다.

그렇기는 하지만 외부적 관계에서 유목민의 공동사회에서도 간혹 사용자 의무(使用者 義務; the duties of proprietorship)를 인정

---

12) Dargum, Dr. Lothar, "Ursprung und Entwickelungs-Geschichte des Eigentums," *Zeitschrift für vergleichende Rechtswissenschaft*, Vol. Ⅴ. p.59.

13) O. Gierke, s. c., Ⅰ. p.57.

하였으며, 또한 토지를 처분하는 일도 있었음은 사실이다. 이러한 사실과 관련하여 볼 때 키르기스인(the Kirgizes) 사이에서나 러시아 농민 사이에서 토지를 임대 또는 매각하는 것은 개인(個人)이 아니라 집단(集團)이었다.14) 하지만 이것은 일반적으로 행해졌던 관습이 아니라, 유목민족이 보다 발전된 형식의 경제생활과 접촉하게 되는 경우에만 생겨나는 것이었다. 이와 같은 경우 토지의 처분은 개인을 위해서라기보다 집단에서 보다 더 편리한 것이면서, 일반적 내부관계는 그것에 의하여 조금도 영향을 받지 않았다. 이 시기를 공유재산의 한 단계로 삼는 것은 이후에 전개되는 변혁을 바로 이해하기 어렵게 만들 수도 있다.

5. 유목민의 토지소유관념의 결여근거

어떠한 이유로 유목민들 사이에서 토지소유관념이 없었던 것일까? 이것을 설명하기 위하여 몇 가지 이론적 의견을 서술하지 않을 수 없다. 모든 천유(擅有; an appropriation)는 물건의 분리, 보존 및 보호를 하기 위해 일정한 노동력을 필요로 한다. 욕망의 만족을 잃지 않으려고 하면서도 모든 사람이 상당한 노동력의 투하는 피하려고 할 것임은 자명하다. 그런데 비록 욕망의 만족을 잃게 되는 경우라도 아무런 어려움 없이 대체할 수 있는 물건은 군이 천유할 필요가 없다. 예컨대 우리가 필요로 하는 양보다 많은 양이 존재한다면 처분할 수 있고, 천연의 무상적 선물이기도 한 모든 재화에 관하여도 마찬가지다.

---

14) Kirg., IV. p.31.

(1) 공 기

우리는 이웃사람이나 다른 사람들이 우리 집 정원의 공기를 들여 마신다고 해도 항의하지 않는다. 또한 기구(氣球; the bal- loons)나 비행기(飛行機; the aeroplanes)가 공중을 점유한다고 하여 항의하지도 않는다. 이와 같은 무관심(無關心; an indifference)을 어떻게 설명할 것인가? 아마도 공기는 우리가 갖고자 하는 욕망 (慾望)에 비해 아주 많은 양이 있기 때문에, 그 대부분을 상실하 여도 우리의 안녕(安寧; well-being)에 아무런 영향을 미치지 않는 다는 사실만으로도 이를 충분히 설명할 수 있을 것이다. 또한 그 필요량(必要量; the necessary quantity)을 얻으려 할 때 아무런 어려 움이 없기 때문이다.

(2) 목초지

위와 같은 사실은 토지가 아주 풍족하였던 단계, 즉 원시사 회(原始社會; the primitive society)에서 왜 토지의 소유가 없었던가 를 설명해 주기도 한다. 유목민은 이곳저곳을 돌아다니면서 필요 한 방목장을 언제든지 찾아낼 수 있다는 확신을 가지고 있는 한, 누군가 방목지의 일부를 점유하는 것은 그들의 이해관계로 보아 서는 그다지 큰 의미가 있는 것이 아니었다. 즉 유목민에게 방목 지는 우리에게 공기가 지니는 가치 이상을 차지하는 것이 아니 었다.

같은 이유로 풀베기가 이미 전개된 곳에서(이것은 정주생활로 넘어가는 첫번째 단계이다), 반유목민(半遊牧民; half-nomadic peoples) 사이에서는 노동력이 조금도 가해지지 않은 목초지를 어느 곳에 서든지 자유롭게 사용할 수 있었다. 부랴트족(the Buriats)에 대해 크롤(Krol)은 "목초지가 충분한데도 마른풀의 수요가 적은 지방에서는 그 천유(擅有; appropriation)라고 하는 것의 어려움을 참고 견디라고 할 필요가 별로 없었다. 각 사람은 그가 괜찮다고 생각하는 곳에서, 필요한 양만큼 건초를 벨 따름이다"라고 한다.[15]

알타이 산지(the Altai)의 주민들에게 왜 목초지를 천유하려고 하지 않는가라고 물었을 때, 그들은 자신들이 필요로 하는 것보다 많은 토지를 갖고 있거나 그 이상의 토지를 갖고 있더라도 놀리고 있는 땅과 동질의 토지로 대치하는 데 아무런 어려움도 겪어보지 않았다고 답변한 바 있다.[16] 또한 북부와 남부의 키르기스인들(the Kirgizes) 사이에서도 누구든지 필요한 만큼 아무런 제한을 받지 않고 목초를 베어 쓴다. 이곳에는 그 전부를 베어다 쓸 수 없을 정도로 아주 많은 양의 목초지가 있다.[17]

(3) 삼 림

삼림(森林; forests)에 관하여도 목초지와 똑같은 현상을 찾아볼 수 있다. 시베리아(Siberia)에서는 사용하고도 남을 만큼의 목재가 있었을 때에는, 농부는 괜찮은 나무를 아무런 제약도 받지 않고 벌채할 수 있다. 또한 농부는 경작을 쉽게 하기 위하여 삼림의 광대한 면적을 태워버리기도 하였다. 그렇다고 하여 어느 누구도 그에게 반대하는 사람이 없었다. 각 지역 사이에서는 어떠한 제한도 존재하지 않았고, 멀리 떨어져 살고 있는 각 구성원은 다른 마을의 삼림을 사용하는 데 아무런 제약을 받지 않았다.[18]

---

15) Krol, p.9.
16) Shvetzow, pp.141, 142.
17) Kirg., IX, notes, pp.8 and 50.

6. 재산의 발생근거

소유에 대한 관념이 결여된 곳에서 어떻게 재산(財産; prop-erty)이라는 관념이 발생하였는가? 여기서 이론적인 틀을 약간 벗어나 생각해 보면 문제의 해결이 보다 쉬워질지도 모른다. 여기서 다시 짤막한 이론적 여담을 해 보는 것이 문제의 해결을 쉽게 할 수 있을 것 같다. 오로지 상당한 노력에 의해 대체될 수있거나 혹은 더 이상 대체가 불가능한 물건과 같은 경우에는 그물건을 전유하려고 할 만한 이유가 있던 것이다. 예컨대 노동력의 투하로 얻어진 생산물이거나 아니면 그 수량이 적어서 희소한 경우가 이에 해당할 것이다.

만일 우리 자신이 만들어낸 물건을 잃어버렸다면, 우리는 그물건을 대신할 또 다른 물건을 만들어야 한다. 만일 갖고자 하는 재화가 그 양이 제한되었다고 한다면, 우리는 더 이상 그 재화를 가질 수 없거나 아니면 상당한 어려움을 겪은 후에야 겨우 보충할 수 있을 것이다. 어떠한 경우이든지 우리는 천유(擅有; appro-priation)하기 위한 노력이 비교적 적은 때보다는 더 많은 노력을 하여야 하고, 이러한 이유 때문에 경제적으로 합리적인 것이다.

그러므로 어떠한 물건을 천유하려고 하는 욕망(慾望; the desire)은 오로지 노동(勞動; Labor)과 결핍(缺乏; Scarcity)이라는 두 원인에 비롯해서만 생겨날 수 있다. 그렇지만 각 개인의 욕망은 다른 사람들의 욕망과 조화를 이룰 수 있는 경우에만, 사회적으로 허용되는 제도로서의 재산의 형성과 연결된다. 만약 이들 욕망이 상호간에 대립하는 것이면, 즉 어느 한 사람의 소득이 다른

---

18) Kachorowski, 165 ff. ; T. and T., p.69.

사람의 손실을 수반하게 되는 경우에는 서로의 이득간의 충돌이 생겨날 수밖에 없다. 그리고 이러한 상태를 방지하기 위하여 지역공동체(地域共同體; the community)는 절도의 경우처럼 언제나 그 발생을 제한하거나 금지하기도 한다.

전유하려는 욕망이 투여된 노력(勞力; desire)과 이후에 정의하는 바와 같은 개인적 결핍(個人的 缺乏; individual scarcity)에서 생겨나는 경우라면 전체의 이익과 일치한다. 동일한 욕망이라 하더라도 오늘날 사회적 결핍이라고 하는 일반적 결핍의 경우에는 개인적 결핍과는 상반되는 것이다.

인구가 그다지 많지 않았던 원시적 상태와 같이 토지(土地; the land)와 원료(原料; the raw material)가 풍부하였던 때에는, 노동자(勞動者; the labourer)가 가경지(可耕地; the soil)나 원료(原料; the materials)를 마음대로 사용한다고 하여, 그로 인해 타인의 욕망을 충족시키지 못하게 하지는 않았을 것이다. 모든 사람은 그가 노동력을 가미한 그 물건을 지키길 원하기 때문에 이들 물건에 관한 사유재산(私有財産; the private property)은 사회적으로 공인되는 제도가 되는 데 아무런 문제가 없다. 이것은 아주 조악한 인간에게까지도 어느 한 사람의 노력으로서 만들어진 생산품(生産品; the products)으로 인정된 무기(武器; weapons), 도구(道具; implements), 장식품(裝飾品; decorations), 기타의 물건이 그의 물건으로서 인정되는 이유가 되는 것이기도 하다.[19]

토지소유권(土地所有權; the ownership of land)의 발달에 관한 연구는 이러한 일반적 법칙을 확증시켜 줄 것이다. 토지의 생산물 사용이 아주 단순하였던 유목기(遊牧期; the nomadic stages) 및 수렵기(狩獵期; the hunting stages)에는 경제적 생활이라는 것이 가

---

19) E. Westermarck, *Origin and Development of Moral Ideas*, Vol. II. p.41.

경지에서 생산되는 생산물에 대한 아주 단순한 사용으로 이루어졌고, 그럴듯한 경제생활의 양상은 1인당 차지하는 면적이 아주 많았던 경우에 한하여 가능하게 되었던 일이다. 단순한 유목생활에서 벗어나 보다 집약적인 제도로 변화해야 할 필요성이 생겨나게 된다.[20] 이 변화는 필연적으로 가경지에 노력의 합체를 필요로 하게 되고, 이러한 과정 속에서 토지사유(土地私有; the ownership of land)의 확립으로 이어진다.

재산은 노동단위(勞動單位; the labour unit)가 개인이나 가족인 경우에는 개별적으로 되며, 집단인 경우에는 공동적으로 될 것이다. 초기의 농업에서는 전자의 원칙이 일반적이었을 것이다. 그러므로 이 경우를 검토해 보고, 그 다음에 공동노동(共同勞動; co-operation)이 소유의 형식에 어떠한 영향을 미쳤는지를 살펴보려고 한다.

(1) 노 동

재산이 노동으로부터 발생한 과정은 목초지, 삼림, 경작지에 따라 각각 다르다.

1) 목초지

앞에서 살펴본 바와 같이 처음에 목초지는 어디에서나 자유로이 사용할 수 있었다. 그러다가 인구가 조밀하게 되고 가축의 방목이 가져오는 손해가 점점 파괴적으로 됨에 따라 울타리를 쳐서 이를 막아야 할 필요성이 생겨나게 된다.[21]

부랴트인(the Buriats) 사이에서는 울타리를 치는 기술이 아주

---

20) Kaufman, pp.45 *et. seq.*
21) Shvetzow, p.146 ; Krol, p.11.

발달하였고, 이러한 방법을 통하여 개인은 소유권을 획득할 수 있다.22)

이러한 울타리로 둘러싸인 목장들 이외에도 토지에 또 다른 노동력을 투하하여 소유권을 취득하는데, 예를 들어 토지에 거름을 주거나 배수시설을 하거나 혹은 개간을 하는 것 등이다. 이런 모든 노동력이 가해진 토지는 사적재산(私的財産; private property)이다.

노동력과 재산의 밀접한 관계를 증명하는 특별한 사실로써 세습재산을 들 수 있다. 세습재산이 되기 위해서는 거름을 주거나, 개간하거나, 배수시설을 한 목초지에 대해서만 인정되고, 전혀 개인적 노동력이 투하되지 않고 자연 그대로인 토지에 대해서는 그것이 남아돌 정도로 있는 한 그 누구의 개인재산으로도 인정되지 않는다. 우리는 이러한 예를 알타이지방(the Altai)의 원주민들 사이에서 찾아볼 수 있다.23)

2) 삼 림

목초지에 대한 노동력의 투하는 일반적으로 가능했던 것에 비해 삼림은 예외적이다. 이것은 간혹 시베리아에서 있었던 일인데, 삼림의 일부를 화재로부터 보호하기 위하여 충분한 주의를 한 농부에게 그 일정부분에 대한 소유를 인정한다. 만일 그 농부가 이와 같은 예방조치를 충분히 기울이지 않은 때에는 그 삼림에 대한 소유권을 상실한다.24)

3) 주택지

주택지(住宅地; homestead)로 인정된 토지는 어느 곳에서든지

---

22) Krol, p.20.

23) Shvetzow, p.214.

24) *West Siberia,* V. pp.129, 130.

34

집을 만든 사람의 세습재산(世襲財産; the hereditary property)으로
인정된다.25)

4) 경작지

경작지(耕作地; the arable land)의 재산의 형성은 목초지, 삼림,
택지의 경우보다 좀더 복잡한데, 그 이유는 간단하다. 노동력(勞
動力; labour)은 다음 중 후자 쪽에 소진되었는데, 마치 울타리를
치거나 집을 짓는 것처럼 토지에 포함된 자연력(自然力; the
natural forces)에는 영향을 주지 않거나 아니면 거름을 주거나 배
수시설을 함으로써 이들의 자연력을 증가시키기 때문이다. 하지
만 반면 노동력이 경작지에 투여되면 가경지(可耕地; the soil)가
부족해진다. 목초지와 삼림의 다작(多作; the productiveness)은 경
작지에 투여된 노동력의 결과로 인하여 제한되지 않은 반면, 그
경작지에서는 해마다 수확을 거뒀기 때문에 다작(多作; the pro-
ductiveness)의 가능성이 줄어든다.

그렇지만 또 다른 차이에 관하여도 유의할 필요가 있다. 목
초지나 택지 등에 들여야 하는 노력은 매우 많은 양으로, 우리가
자본투자(資本投資; capital investment)라고 부르는 것으로 구성되기
도 한다. 일단 목초지의 배수시설 또는 개간을 하게 되거나 가옥
을 건축한 사람은 적어도 일정 기간은 그 작업을 되풀이할 필요
가 없다. 그러나 밭갈이를 하거나 씨앗을 뿌리는 것 같은 원시농
업(原始農業; the primitive agriculture)에 부여되는 노동은 대개의
경우 해마다 되풀이해야 하는 작업으로 이루어진다.

따라서 목초지의 소유주(所有主; the proprietor)는 목초지를
유지하기 위하여 상당한 주의를 기울인다. 그렇지 않으면 자기가

---

25) Kachorowski, p.179 *et seq.*

투자한 자본을 잃을 수도 있기 때문이다. 이와는 달리 경작자는
매년 같은 양의 노동력을 투하하기만 한다면, 수확 후에 그가 지
출한 비용을 되찾을 수 있게 된다. 만일 경작자들이 쓸모없는 토
지를 포기해 버리는 것이 더 큰 이익이 된다는 것을 알게 되면,
그는 새로운 토지를 점유하려고 할 것이다. 이것은 다른 토지와
달리 경작지가 어째서 일시적이나마 점유의 기간을 경과하게 되
는지를 설명해 주는 것이기도 하다.

5) 순환농법

순환농법(循環農法; the shifting cultivation)은 목축이나 수렵의
시대로부터 농업생활까지를 제1기로 삼는다. 이것은 전세계에 걸
쳐 퍼져 있는 원시농업(原始農業)의 특징이다. 필자는 여기에서
두세 가지의 예를 들어 설명하려고 하는데, 이러한 농사제도(農
事制度)에 관하여 좀더 많은 설명을 바라는 독자들은 힐데브란트
(Hildebrand)의 책을 참조하기 바란다.[26]

우리는 이러한 경작법(耕作法)을 키르기즈인들(the Kirgizes)[27]
의 초원(草原; the Steppes)에서의 경작이나 남부 러시아(South
Russia)[28]의 농민들 사이에서 찾아볼 수 있다. 경작자는 한두 번
수확한 다음에는 토지를 버린다.

또한 이러한 현상을 여러 곳의 삼림지방(森林地方; wooded
countries)에서도 찾아볼 수 있다. 인도에서 이러한 농법(農法)을
따르는 종족은 경사(傾斜)의 고저(高低)를 따지지 않고 적당한 토
지를 선택하므로, 작은 나무나 관목이 아니면 다른 식물들은 베
어 버리고, 날씨가 건조하면 땅위에 쌓아서 말려버린다. 큰 나무

26) Hildebrand, *Recht und Sitte,* 2nd ed. 1907, pp.47-51.

27) Rumianzew, p.169 ; Kaufman, pp.24, 25.

28) W. W., p.8.

는 껍질을 벗겨서 죽게 하고, 나머지는 나무가 마를 때쯤 태워버린다. 비가 내릴 때면, 씨앗과 섞인 재는 땅 속으로 묻혀버린다. 첫 수확을 하고 난 뒤 두 번째의 수확은 일반적으로 같은 토지에서 거두어들이는 것이 보통이다. 이렇게 한 뒤 부족(部族; the tribe)은 새로운 지역으로 이동한다. 그리고 처음 수확하였던 토지는 식물들이 충분히 성장하고 난 후 다시 찾아간다. 그 기간은 보통 20년, 30년, 때로는 40년이 되기도 한다.[29] 이와 비슷한 형태는 자바(Java)에서 인구가 가장 적은 지방에서도 찾아볼 수 있다.[30]

이러한 제도는 옛날 러시아의 삼림지역과 북부지역에도 유포되었고, 오늘날까지도 찾아볼 수 있다.[31] 타키투스(Tacitus)시대의 게르만식 농업은 이러한 농법(農法)을 특징으로 하였던 것으로 생각된다.[32]

6) 토지에 관한 일시적 점유

순환농법제에서 발생하는 토지소유의 문제는 일시적 점유(一時的 占有)의 문제이지, 재산(財産)을 소유하는 것은 아니다. 토지가 충분하게 있을 때는,[33] 경작자는 그가 기울인 노력과 충분한

---

29) Baden-Powell, *Land Tenure in India,* Vol. Ⅰ. p.116.

30) E. de Laveleye, *De la Propriété et de ses formes primitives,* 5th ed., p.61.

31) Kaufman, p.231 ; Kovalevsky, *Modern Customs and Ancient Laws of Russia,* pp.77, 78.

32) W. Roscher, *Nationalökonomie des Ackerbaues,* 12th ed., 1888, p.80.

33) 이 문장은 인구의 증가와 함께 유목민(遊牧民)은 방목생활을 계속하기에 충분한 토지를 갖지 못하게 된다는 필자의 앞에서의 글과 모순되는 것처럼 생각될 수도 있다. 이러한 모순은 유목민에게 부족한 토지도 농업(農業)으로 바뀐 다음에는 너무 많은 것으로 되기 때문에 그런대로 명백하다고 할 수 있다.

대가가 이어지는 한, 그 경작지를 보유하는 일에 이해관계를 갖게 된다. 경작자가 갈고 다져 씨를 뿌린 토지에서 수확하기 전에 박탈당한다면 경작자는 똑같은 수고를 다시 되풀이해야만 한다. 그러나 경작자 자신이 투여한 노동력에 대한 결과물을 거두어들인 후 자신이 사용한 토지를 포기하고 다시 돌보지 않은 경우에는 경작자가 그 토지를 다시 점유할 것인지 하지 않을 것인지의 여부는 전혀 중요하지 않다.

이 경제학적 추론에 의해 토지로부터 노력의 성과를 거두어들일 수 있을 때까지 토지보유권(土地保有權; tenure)의 형태를 경작자에게 부여하는 소유권(所有權)의 일종이 가경지의 절대적 자유사용(an absolutely free use of the soil)과 재산소유권(財産所有權; property) 사이의 중간 형태로서 발생한다.

악투반스크 지방(Aktubansk)의 키르기스인들(the Kirgizes) 사이에서는 경작자가 경작지에서 경작하는 기간 동안은 그에게 속한다. 그러나 그 토지를 버리면 누구든지 휴경지(休耕地; the fallow)에서 목초채취나 새로운 경작을 위하여 이를 사용할 수 있다.[34]

같은 지역일지라도 종종 가난한 사람들은 이와 같은 토지가 새로운 토지를 일구는 것보다 노력이 적게 들기 때문에 예전에 부자(富者)가 경작하던 토지에 파종하곤 한다. 부자들은 언제나 가장 비옥한 새로운 땅에서 경작한다.[35] 이와 같은 모습은 확실히 러시아의 침입(the Russian invasion) 이전의 키르기스 초원(the Kirghiz Steppes)의 곳곳에 존재하였던 것이다.[36] 또한 똑같은 현상은 남부 러시아(South Russia)의 농민 사이에서도 아직까지 찾

---

34) Kaufman, p.152.

35) Kirg., VII. p.25.

36) Grodekow, p.102.

아볼 수 있다.[37]

알타이 산지(the Altai)에서와[38] 심페로폴 지방(Simferopol)의 타타르인들(the Tartars)[39] 사이에서의 모든 사람은 그 자신이 토지를 사용하는 동안에만 당해 토지를 보유한다. 그렇지만 실제로 토지를 포기하거나 휴경(休耕)의 상태에 이르면 어느 누구라도 이 토지를 차지할 수 있다.

부랴트인(the Buriats) 사이에서는 경계를 이루는 울타리를 제거해 버리고 다른 토지로 이주해 간 경작자는 이전의 토지와의 모든 이해관계가 단절되며, 그 토지는 누구든지 자유롭게 점유할 수 있는 자유점유지(自由占有地)가 된다.[40]

북부 유럽의 러시아(the north of European Russia)에서도 이와 같은 현상을 찾아볼 수 있다. 어느 한 농부가 자본을 전혀 들이지 않고 토지의 경작을 그만둔 때는, 어느 누구라도 그의 허락을 구하거나 또는 통지를 할 필요도 없이 자유롭게 그 토지를 취할 수 있다.[41]

마우러(Maurer) 및 퓌스텔 드 쿨랑주(Fustel de Coulanges)에 의하면 옛날 독일의 공유농지(German Mark)에서는 해를 건너뛰면서 경작하는 제도가 널리 퍼져 있었고, 이로 인해 일시적 점유권만이 존재하였다.[42]

---

37) W. W., p.8.

38) Shvetzow, pp.157, 158.

39) Dr. Victor Utz, *Die Besitzverhältnisse der Tartarenbauern im Kreise Simferopol.* Tübingen, 1911, p.42.

40) Krol, p.49.

41) Kaufman, p.271.

42) Maurer, *Einleitung zur Geschichte der Mark-, Hof-, Dorf- und Stadtverfassung,* 1854, p.97, §102. Fustel de Coulanges, *Recherches sur quelques problèmes d'histoire,* p.283.

남아메리카(South America)의 제스인(the Gês), 줄루족(the Zulus), 열대 아프리카(Equatorial Africa)와 뉴기니(New Guinea)의 원주민, 그리고 기타 반농민적 종족(半農民的 宗族) 사이에서는 개인소유의 토지에 관한 일시적 점유의 관습은 그가 그 토지를 경작하는 동안에만 행하여진다.43)

고대 로마(Ancient Rome)에서 공용농장(共用農場; the ager publicus)의 사용은 어떠한 재산상의 권리를 부여하지 않고, 오로지 그것을 점유할 수 있는 권리만 주었을 따름이다.44)

삼림을 불태우고 그 땅을 조금이나마 경작하고 옥수수를 파종하기에 충분하거나 또는 러시아의 초원지대에서와 같이 후자만이라도 할 수 있는 조방농업제도(粗放農業制度; the extensive system of agriculture)는 경작할 수 있는 아주 많은 토지가 있는 곳에서만 가능했다. 순환농법(循環農法; shifting cultivation)이 행해졌던 삼림지방의 들판은 수목이 충분히 성장한 후에, 즉 인도의 밀림45)에서는 20~40년, 러시아(Russia)에서는46) 40~60년이 지난 후에야 비로소 다시 수확이 가능할 것이라는 목적에 맞추어 사용할 수 있었다. 이와 같이 1세대가 존속하는 동안 경작할 수 있는 토지는 연 1회 이상 경작할 수 없었다.

7) 집약농업이 가져온 토지의 영구적 소유권성

인구의 증가와 함께 조방농업은 폐기되고, 집약농업(集約農業; an intensive system)이 조방농업을 대신하게 되었다.47) 이에

---

43) Hildebrand, p.45 *et seq.*

44) E. Laveleye, *Primitive Property*, p.165.

45) Baden-Powell, *Land Tenure*, I. p.116.

46) Bolshakow, p.18.

47) Kaufman, p.231.

관하여 바덴-파우웰(Baden-Powell)은 "인구가 조밀하고 토지가 한정되어 있는 곳에서는 순환기간이 10년 내지 때로는 7년까지로 단축된다"고 한다.[48] 보다 많은 노력이 삼림의 개척에 들어가고,[49] 또한 휴경지(休耕地; the fallow)는 자연상태로 남지 않게 되자 토지에 거름을 주기 시작하였다.[50] 이러한 농법의 발달에 맞추어 토지에 대한 경작자의 관계는 한층 영속적으로 된다. 다만 한 해의 수확만으로는 결코 그의 노력을 보상받을 수 없고, 몇 년이 지난 후에야 비로소 그가 투하한 노력의 대가를 회수할 수 있었다.

경작자의 이러한 경제적 이익에 맞추어, 이전에는 경작을 하지 않고 있는 토지를 점유할 수 있는 권리는 보다 더 제한을 받기 시작하였다. 사람들은 자기의 토지를 사용하는 동안뿐만 아니라 그가 쏟은 모든 노력이 아직 전부 회수되지 않았다고 생각되는 동안은 그 토지를 보유할 수 있게 되었다.

예를 들면 우스트카메네고르스크 지방(Ustkamenegorsk)의 키르기스인들(the Kirgizes) 사이에서 휴경지(休耕地)는 이전 점유자가 그 토지에 대한 권리를 명시적으로 포기하지 않은 한, 그 사람만이 해당 토지를 다시 경작할 수 있도록 하였다.[51]

쿠스토네이스크 지방(Kustonaïsk)에서는 토지 위에 경작자의 노력이 남아 있는 동안은 그 휴경지는 그 경작자에게 속하고, 그 경작자만이 그 토지의 풀을 벨 수 있다. 그렇지만 이 권리는 영구적인 것은 아니다. 만일 휴경지가 10년이나 20년 넘게 경작되지 않았다면 다른 사람이 그 토지를 자유롭게 점유할 수 있다.[52]

---

48) B.-P., *ibid.*, Ⅰ. p.116.

49) B.-P., *ibid.*, p.114.

50) Bolshakow, p.21.

51) Kirg., Ⅸ. pp.27, 28.

부랴트인(the Buriats) 사이에서도 마찬가지의 규정이 시행되고, 2년, 3년, 6년 또는 15년의 휴경 후의 토지는 자유점유를 할 수 있도록 허용된다.[53]

농업이 점점 집약적으로 되면서 일시적인 점유는 영구적 소유권의 성질을 가지게 된다. 순환경작(循環耕作; the shifting culti-vation)이 포기되는 곳이면 어느 곳이나 소유권이 확립한다. 그렇지만 이것은 전적으로 공동노동에 의하여서만 이루어지는 것이 아니라, 나중에 설명하는 바와 같이 개인적 결핍에도 그 기인하는 바가 적지 않다(54면 참조).

8) 삼림개척에 따른 영속적 토지보유권

삼림의 개척은 많은 노동력을 필요로 하므로, 개척자(開拓者)에게 토지보유의 영속적인 권리를 부여하는 것이 일반적이다. 이러한 현상은 러시아 농민,[54] 북부 러시아의 핀인(the Finns of North Russia),[55] 부랴트인(the Buriats),[56] 자바인(the Javanese),[57] 북동 아프리카의 토착민(the aborigines of North East Africa)[58] 등에게서 찾아볼 수 있다.

고대 러시아에서는 "토지는 도끼, 낫(the scythe) 그리고 쟁기가 미칠 수 있는 데까지 소유물이다"라고 말하는 습관이 있었다.[59]

---

52) Kaufman, p.153.

53) Krol, pp.46-49.

54) W. W., pp.19, 22.

55) Bolshakow, p.33.

56) Krol, p.48.

57) *Eindresumé van het ⋯⋯ anderzoek naar de Rechten van den Inlander op den grond on Java en Madoera*(B. M. 5319, g. 22), Ⅰ. p.64.

58) Hildebrand, p.46.

고대 독일의 공유농지(共有農地; Mark)에서 토지의 개척자에게 소유권을 부여하였던 법률은 게르만인(the Germans)이 처음으로 정주하였을 때까지 거슬러 올라가 그 흔적을 찾아볼 수 있다.[60]

인도(India)에서는 장기간에 걸쳐 자본을 들이고 노력을 하여 무성한 삼림이나 밀림을 개척한 사람은 당해 토지를 보유할 권리가 있는 사람으로 모두 인정하고 있다. 기원전 500년에 만들어진 마누법전(the institutions of Manu)에서는 "들판에 있는 나무는 맨 처음 베어낸 사람이 그 나무를 소유하고, 사슴은 맨 처음 상처를 입힌 사람이 그 사슴을 소유한다"라고 규정함으로써 소유를 인정하고 있다.[61]

9) 가경지에 투하된 노동량에 따른 토지소유형태의 차이

노동(勞動; labour)과 재산형성(財産形成; the formation of property) 사이의 밀접한 관계는 같은 지역공동체 내에서도 토지를 경작하기에 적절하도록 준비하는 데 들어가는 노력의 정도에 따라 다른 법칙에 의하여 지배된다는 사실에 의하여 가장 적합하게 설명된다.

크롤(Krol)은 부랴트인(the Buriats)에 관하여 "앞에서 말한 모든 예를 검토해 보면, 경작에 많은 노력(돌의 제거, 삼림의 개척 등)을 필요로 하는 토지와 점유에 그다지 많은 노력을 필요로 하지 않는 토지 사이에 사려 깊은 구별을 해야 한다는 사실이 나타나지는 않는다. 전자에 관하여는 아무런 이의(異議)없이 인정된다. 후자의 경우에는 울타리가 그대로 있는 동안이 아니면 조금

---

59) Pawlow-Silwanskij, p.113.

60) Maurer, *Markenverfassung*, p.166.

61) Baden-Powell, *Land Tenure*, I. p.227.

더 연장되고, 아니면 다른 예외적인 경우에 한하여 그들은 재산
으로서 인정된다고 생각한다"라고 한다.62)

이와 같이 노력의 증감정도(增減程度)가 인간과 점유지간의
밀접한 관계 발전에 이바지한 바 크다. 목초지(牧草地) 및 주택지
(住宅地)에 관하여는 일단 노력이 그 위에 가해진 다음에야 직접
적으로 사유재산이 발생했다. 경작지(耕作地; arable lands)에 관하
여는 일시적 점유권(一時的 占有權)이 사유재산보다 앞서서 중간
적 단계(中間的 段階; an intermediate stage)로 발생했다.

그렇기 때문에 메인(Maine)에게서 혹독하게 공격을 받았던 구
학설(舊學說; the old theory), 즉 점유(占有; occupation)가 우선적으로
사회의 각 구성원에 대하여 배타적이기는 하지만 일시적인 향익(享
益)의 권리를 부여하고, 그 후에 배타적인 성질은 그대로 남아서
이 권리가 영구적인 것으로 되었다는 학설은 여기에서 그것을
확인할 수 있을 뿐만 아니라 자연적인 설명을 찾아볼 수 있다.

10) 공동노동이 재산형태에 미치는 영향
지금까지 우리는 개인이나 가족에 의하여 행하여진 농업(the
agricultural work)을 바탕으로 노동이 재산형성에 미친 영향을 고찰
해 왔다. 이제부터 우리는 처음부터 공동노동(共同勞動; co-operation)
이 필요한 경우에 어떠한 영향으로 재산이 발생했는지를 살펴보
고자 한다.

ⅰ) 재산형태에 있어서 공동관개 및 공동경작의 영향
공동노동이 경작자의 노동의 일부로 취급되는 정도일 때는,
재산은 그대로 개인적인 것으로 남아 있다. 예를 들어 키르기스

---

62) Krol, p.48.

인(the Kirgizes) 사이에서는 관개작업(灌漑作業; irrigation works)을 함에 있어서 공동노동을 필요로 하는 경우에, 경작지는 각 노동자의 사적 세습재산(私的 世襲財産; the private hereditary property)이다.63) 그는 자기가 원하는 대로 토지를 처분할 수 있는데, 다만 그 사회공동체의 구성원에게만 팔아야 한다는 제한을 받는다.64) 토지점유에 있어서 어떠한 의미의 평등(平等)도 따라붙지 않고, 모든 사람은 그가 원하는 만큼의 토지를 점유하고, 필요에 따라 관개용수를 사용할 수 있다.65) 용수(用水)의 부족을 느끼기 시작할 때에만, 지역공동체(地域共同體; the community)는 각자가 사용할 수 있는 수량(水量)을 제한한다.66)

키르기스인(the Kirgizes) 사이에서도 간혹 공동경작(共同耕作; common ploughing)을 찾아볼 수 있다. 몇몇 농부들이 자본을 모아 쟁기를 사고, 그들의 말을 한 조(組)를 이루어 사용한다. 하지만 그 외의 다른 모든 작업은 개별적으로 하고, 농부들의 공동관계(共同關係; the common relations)는 경작이 끝나면 종료한다.67)

ii) 대집단에 의한 개간

삼림개척(森林開拓; clearing a forest)에 있어서 공동노동(共同勞動; joint labour)의 필요성은 왜 원시적 재산형태(原始的 財産形態)가 공유이어야만 하였는지를 설명하기 위하여 자주 인용되어 왔다. 그렇지만 필자가 보유하고 있는 자료만으로 이를 검증해 보면 대집단(大集團; large group)에 의한 공동개척(共同開拓; common

---

63) Kirg., VII. p.31 ; Rumianzew, pp.168, 169.
64) Kirg., IX. p.25.
65) *Ibid.*, p.26.
66) *Ibid.*, p.27.
67) *Ibid.*, IX. p.24 ; Kaufman, pp.170 ff.

clearing)을 밝혀줄 만한 확증은 어디에서도 찾아볼 수 없다.

라벨레이예(Laveleye)가 말한 자바(Java)에서의 "공동개척(共同開拓; common clearing)"[68]은 실제로는 서너 세대(世帯; household)의 상호부조(相互扶助)에 의하여 이루어지는 것이다. 각 사람은 자신의 토지를 개별적으로 경작하였는데, 그곳에서 촌락공동체(村落共同體; a village community)의 흔적은 전혀 찾아볼 수 없다.[69] 다음에 설명하는 바에 의해 알 수 있겠지만 자바에서도 다른 곳과 마찬가지로 사유재산(私有財産; private property)이란 소유권(所有權; the ownership)의 원시적 형태였던 것이다. 유러시아(European Russia)에서 필자는 공동개척이 존재하고 있다고 생각되는 유일한 지역공동체를 발견한 적이 있다. 그것은 아주 예외적인 경우이고,[70] 더구나 필자로서는 그것이 어느 정도까지 진실일지를 알 수 없다. 인도(India)[71]와 시베리아(Siberia)의 전역에서는 일반적으로 개인 스스로가 최초의 개척자가 된다.

그렇다고는 하지만 설령 대집단(大集團; large group)에 의한 개척이 있었다고 하더라도, 그것은 공동관개(共同灌漑; common irrigation)와 마찬가지로 공유재산(共有財産; common property)의 형성으로까지 진전되지는 않았을 것이다. 보통은 토지를 경작한 개인이 재산권(財産權; the right of property)을 취득하였다.

iii) 공동노동에 따른 조합의 형성

공유재산은 노동력의 전부나 대부분을 공동노동(共同勞動; co-operation)에 의존하는 경우에만 발생한다. 예외는 있지만, 돌담

---

68) Laveleye, *De la propriété*, s. c., p.61.

69) *Eindresumé*, s. c., II. Bijlage B., p.22 *et seq.*

70) W. W., p.77 ; B. M., 5319. g. 22, Vol. II.

71) Baden-Powell, *Land Tenure*, II. p.224.

을 쌓아올린 가경지(可耕地; the soil)에 다른 누군가의 노동력이 가해질 수 없도록 울타리를 설치한 경우 공유재산이 발생한다. 부랴트인(the Buriats) 사이에서는 조합을 이루어 목초지(牧草地; meadows)의 울타리를 설치하는 것이 좀더 편리하였으므로, 개인이 아니라 조합이 울타리를 만들었다. 모든 사람은 자유롭게 이 조합에 가입하고, 또한 그가 필요하면 탈퇴할 수 있다. 또한 이들이 베어다 쓸 수 있는 목초의 양이 제한되는 경우도 있지만, 그렇지 않은 때도 있다. 때로는 둘러쳐진 울타리의 길이에 따라서 베어다 쓸 수 있는 목초의 양이 분배되기도 한다.72) 여러 세대가 목초지의 울타리를 설치하는 알타이 지방(the Altai)에서는 목초도 공동으로 베고, 베어진 목초는 그것을 벤 사람의 수에 따라 똑같이 분배한다.73)

경작지(耕作地; an arable land)에 관하여 경작, 파종, 흙덩이 부수기, 땅고르기 등의 모든 일을 공동으로 하는 경우는 아주 드물다. 우리는 그 중의 몇 가지 예를 키르기스인(the Kirgizes)에게서 찾아볼 수 있다. 네다섯 또는 여섯 세대로 구성된 작은 연합체가 토지를 소유하고, 그 수확물은 자기들끼리 분배한다.74) 이러한 사실을 바탕으로 우리는 공동노동이 개인적 소유권(個人的 所有權; individual ownership)과 아무런 관계가 없다든가 아니면 오늘날의 공동조합(共同組合; co-partnership)과 유사한 자유연합체(自由聯合體; free associations)의 형성을 이끌어 내었을지라도 촌락공동체(村落共同體; the village community)와는 아무런 공통점이 없다는 사실을 알게 되었다.

---

72) Krol, pp.12, 13.

73) Shvetzow, p.154.

74) Kirg., I. 137 ; II. xiv. xv.; Kaufman, p.172.

11) 영국의 촌락공동체에 대한 시봄(Seebohm)의 해설

위와 같은 사실에 비추어 보면, 영국의 촌락공동체(the English village community)가 공동경작(共同耕作; the common ploughing)으로부터 발생하였다고 설명하려는 시봄(Seebohm)의 시도는 그의 근거와는 달리 너무나도 괴리가 있다. 황소 8마리의 집합체(the eight-oxen team)는 궁극적으로 한 집합체를 조직하는 데 필요한 몇몇 세대간의 공유재산의 존재를 설명해 줄지는 모르지만, 촌락공동체와 같은 대연합의 형성을 뒷받침해주기에는 불충분하다.75)

그렇지만 무엇보다도 이 이론은 방법론적 이유(方法論的 理由; methodological grounds)에서 배척될 수밖에 없다. 어떤 하나의 제도에 대해 그 기원을 이해하려면 무엇보다도 그 원인, 바꾸어 말하면 제도의 동일성(同一性)의 존재를 설명해주는 요소를 찾아내지 않으면 안 된다. 그렇다면 공동경작을 원칙으로 하지 않는 곳, 예를 들어 러시아, 독일에는 촌락공동체가 존재하고, 반대로 흔히 공동경작을 찾아볼 수 있는 곳, 예를 들어 키르기스인(the Kirgizes)에는 촌락공동체에 관한 아무런 흔적도 존재하지 않는

---

75) 시봄(Seebohm)의 설명도 순수한 역사적 비판에 따르고 있다. 비노그라도프(Vinogradoff)는 "앵글족(the Angles), 색슨족(the Saxons) 및 주트족(the Jutes) 등이 처음부터 동일한 계획 아래 식민을 하고, 어느 곳에서나 8마리 황소집단(the eight-oxen team)으로 농업생활을 시작하였다고 간주하는 것은 이상한 생각을 들게 한다. 처음에는 여러 변화 가능성이 있었고, 도구도 덜 복잡한 것을 사용하였다고 추측하는 것이 좀더 자연스럽지 않을까? 사실상 우리가 이러한 시각에서 증거에 의거하여 훑어 볼 수 있는 것들은 …… 실제로 우리는 8마리보다 적은 소로 짜여진 1조가 있다는 말을 들어 본 적이 있고, 또한 흥미롭고 특이한 사건으로서 경작을 보여주는 옛날 그림에서는 4마리 한 조, 또는 2마리 한 조만을 찾아볼 수 있는 점이다. 8마리가 토지의 요구, 경작지의 상태에 가장 적절하다고 생각한 것은 기껏해야 8세기 내지 11세기의 일이다"라고 한다.—*The Growth of the Manor*, 2nd ed., pp.163, 201.

것은 결국 서로 다른 요소가 존재한다는 것이다. 이러한 까닭으로 황소 8마리의 집합체는 잉글랜드(England)와 웨일즈(Wales)에서의 특별한 구획제도(區劃制度; the system of division)를 설명하기 위하여 이용될 수 있는 것에 불과하고, 촌락공동체 그 자체의 기원에 관하여는 설명할 수 없는 것이다.

그러므로 우리는 재산이 없는 상태에서 가경지(可耕地; the soil)에 노력이 부가됨으로써 일반적으로 개인적 소유권(個人的 所有權; individual ownership)이 발생한다는 하나의 결론을 내릴 수 있다. 다만 예외적인 경우에 한하여 개인이 아니라 자유연합체(自由聯合體; free association)가 토지의 소유자임을 찾아볼 수 있다.

(2) 개인적 결핍

1) 주거지에 인접한 토지의 천유

이제부터는 필자가 개인적 결핍(個人的 缺乏; individual scarcity)이라고 지칭한 바 있는 재산의 두 번째 발생원인을 검토해 보려고 한다.

경제생활(經濟生活)의 증대로 인간은 토지에 구속되고 또한 그가 거주하고 있는 주변의 토지는 그에게 특별한 가치를 지니게 된다. 유목민은 방목장이나 목초지로 사용하기에 편리한 토지가 거주지 근처에 충분하지 못하면 당연히 그들은 그 거주지를 다른 곳으로 옮기게 된다. 영구적인 주거를 가지고 자기의 주택지(住宅地; homestead) 내에서 여러 가지의 노동에 종사하여야 하는 경작자는 어느 한 곳에서 다른 곳으로 그렇게 쉽게 옮겨갈 수 없다. 경작지와 멀리 떨어져 거주하게 되면 그만큼 오가는 데 시간이 많이 소요되고, 끝내 그 경작에도 피해를 미치게 될 것이

다. 농업이 집약적으로 되면 될수록 경작자의 여유 있는 시간은
줄어들게 되고, 그의 주거를 둘러싸고 있는 모든 토지를 자기의
영구적·배타적인 점유로 하려는 그의 욕망도 더욱 강해지게 된
다. 시베리아(Siberia)에서는 농업이 그다지 발달하지 못했기 때문
에, 농부가 50마일이나 그 이상 떨어져 있는 곳에 가서 풀을 베
어오는 것을 볼 수 있다.[76] 그렇지만 농업이 점차 집약적으로
되면서 이 거리는 점점 줄어들게 되었다.

　　인간이 촌락을 이루고 그 안에서 모여 살지 않고 흩어져 있
는 농장에서 생활하는 곳에서는, 경작자는 자기의 주거지 주변의
모든 토지를 점유하고, 그러한 토지가 풍부하게 존재하는 한 그
들은 타인의 토지를 침탈하지 않는다. 새로 이주해 오는 모든 사
람들은 하나의 농장을 만들 수 있을 만큼의 충분한 토지를 구하
고, 또한 각자는 주택지 인근의 모든 토지를 배타적·영구적인
권리로서 보유하고자 하는 바람을 가지게 된다.

　　이와 더불어 우리는 산거촌락이 형성된 곳에서 아무런 노력
도 가미되지 않은 토지가 경작지나 비옥해진 목초지와 마찬가지
로 사유재산으로 되는 예를 찾아볼 수 있다.[77]

　　필자는 토지에서 생겨나는 재산권의 연원을 개인적 결핍(個
人的 缺乏; individual scarcity)이라고 부르려고 한다. 왜냐하면 사회
적 관점에서 보면 토지가 풍부하게 존재하더라도, 그 근처에 살
고 있는 경작자에게는 토지가 충분하지 못하기 때문이다. 어느
누구든지 자기의 목초지나 방목지를 소유하더라도, 또 다른 토지
를 찾아야 되고, 설령 그 토질이 같다 하더라도 통행이 불편한
위치에 있다는 것을 모두 잘 알고 있다.

---

76) Kaufman, pp.383, 384.
77) Kaufman, p.246.

지도 II

시베리아(Siberia)의
예니세이주(the Government of Yenisei)의
쉬로키 록(Shirokij Log) 마을

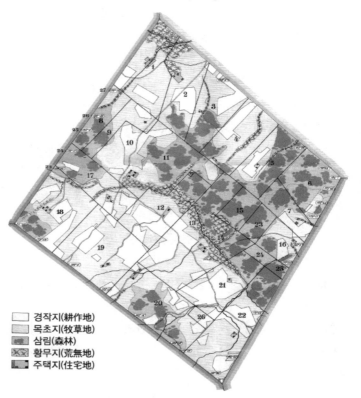

☐ 경작지(耕作地)
☐ 목초지(牧草地)
▨ 삼림(森林)
▨ 황무지(荒無地)
▨ 주택지(住宅地)

◀ 이 지도는 정주(定住; the settlement)의 원시적 형식[산포촌락제(散圃村落制; the scattered farm system; Einzelhot)]인 촌락제(村落制; the village system; Dorfsystem)에 기원을 두고 있음을 알 수 있게 해준다(51, 80면 참조).

또한 이 지도는 최초의 정주자가 이미 경작지를 한 곳이 아니라 여러 곳에 분포하여 두었음을 보여준다(88면 참조).

[이 도면은 농무부년보(農務部年報; the Report of the Ministry of Agriculture)에서 허가를 얻어 인용한 것이다: *Obsor rabot po mejevaniu za Uralom*. St. Petersburg. 1910].

2) 산포제에 따른 토지의 소유여부

산포제(散圃制; the scattered farm system)는 시베리아의 모든 곳에서 찾아볼 수 있다. 그러나 러시아 농민은 오로지 자기 가족의 도움에 힘입어 삼림 가운데 가장 편리한 토지를 골라서 이를 개척하고, 집을 짓고, 그의 농장을 관리한다.[78] 이와 같은 산재적 정주(散在的 定住)라는 형식은 원시농업(原始農業; primitive agriculture)의 특징으로 생각된다. 그리고 필요한 토지가 충분히 존재한다면 이러한 정주형식은 가장 편리하다. 촌락에 살고 있는 주민은 그들의 전답(田畓), 목초지, 방목장의 일부를 집에서 떨어진 곳에 갖고 있을 수밖에 없다. 하지만 산포제가 존재하는 곳에서는 이와 같은 토지는 주택지에 근접해 있다. 이 제도는 촌락이 발생하기 이전의 유러시아(European Russia)에 있었던 것이다.[79] 그리고 산포제는 켈트민족의 역사적인 특징이면서,[80] 고대 게르만의 공동농지(the old German Mark)에서도 유포되어 있었던 것 같다.[81]

---

78) 좀더 상세한 것은 Kachorowski, p.84 참조.

79) Simkowich, *Die Feldgemeinschaft in Russland*, 1897, p.3 *et seq.*

80) Vinogradoff, *Growth of the Manor,* 2nd ed., p.91, note 20.

81) 시봄(Seebohm)은 다음과 같이 쓰고 있다 : 게르만인(the Germans)의 경제생활에서 타키투스(Tacitus)의 주의를 끌었던 것은 그가 게르만이라는 말을 자유인(自由人; the free tribesman)에게만 쓰고 노예들에게는 사용하지 않았던 것임이 명백하다. 그들이 로마인처럼 도시를 이루고 살지 못했다는 점을 말해 주는 것이다. 그는 "게르만인들은 우물, 평야, 숲 등이 그들이 좋아하는 대로 멋있게 꾸며져 있는 곳에 흩어져 살았다"고 한다. —*The English Village Community*, p.338.

이 타키투스의 기술한 바에 따라서 모저(Moser)와 킨들링거(Kindlinger)와 같은 옛날 독일의 학자들은 산포제(散圃制; the scattered farm system)가 정주(定住)의 원시적 형식이었고, 촌락(村落)은 나중에 별개로 생겨난 것이라고 추론하였다.

마우러(Maurer)는 이 이론을 배척하였다. 왜냐하면 그는 경작자(耕作者)

　시베리아에서와 같은 산포제가 주된 형식이었던 곳에서는 농부의 주거지 부근의 목초지, 방목지 및 삼림까지도 배타적으로 당해 농부에게 속한다. 그는 자기의 점유지를 울타리로 둘러치거나 아니면 수목이 바로 드러나게 하는 경계를 나타내어 일정한 구역에 대한 그의 권리를 표시한다.82)

　이와 같은 관습은 고대 게르만의 공동농지에도 있었다. 단순히 울타리를 둘러치거나83) 아니면 어떠한 다른 방법으로 점유(占有)의 의사를 나타냄으로써 토지를 소유하려는 생활상은 "마르크 공동체 주민(Markgenosse)"의 권리의 하나였다.84) 이러한 점유는 마우러(Maurer)가 기술한 바와 같은 의식(儀式; ceremonial manner)을 통해 이루어졌다.85)

　가 편리한 농장제(農場制)로부터 불편한 촌락제(村落制)로 옮긴다는 일은 있을 수 없기 때문이다.―*Einleitung*, pp.2-3.

　그렇지만 이와 같은 변이는 전혀 불가능한 것이 아니고, 시베리아 (Siberia)와 남부 러시아의 코사크족(the Cossacks) 사이에서 벌어지고 있다. 제2장에서 필자는 이 과정을 좀더 사실적으로 설명하려고 한다.

82) T. and T., p.81 ; Kaufman, p.248.

83) "사유(私有)는 대부분 점유지의 울타리치기, 등기(登記; Einträgung), 담쌓기(Umzäumung) 또는 경계표시(境界標示)를 함으로써 생겨난다."―Maurer, *Markenverfassung*, p.163.

84) 이 경우에도 마찬가지로, 노력이 토지 중에 부가되는 점, 그 결과 재산의 형성은 이러한 요소에 의한 것이고, 결핍(缺乏)때문이 아니라고 하는 항의가 제기될 수도 있다. 그러나 필자는 이를 두 가지 경우로 나누어서 고찰해야 할 것으로 생각한다. 즉,

　1. 경작자(耕作者)가 가경지(可耕地)에 노력을 부가시키기 위하여 그 토지에 집착(執着)한 경우.

　2. 토지가 부족하기 때문에 경작자가 경계의 설치에 노력을 한 경우.

　첫 번째 경우에는 노력이 재산의 원인이고, 두 번째 경우에는 하나의 징표(徵標)에 지나지 않는다.

85) "그러한 의식적인 점유는 955년경에 레겐스부르크(Regensburg) 지방에

겨울 동안에는 산거집단(散居集團)으로 살아가는 키르기스족
(the Kirgizes)과 부랴트족(the Buriats) 같은 반유목민(半遊牧民; half-
nomadic peoples) 사이에서[86] 목초지[87] 주변에서 양(羊)을 방목하
면서 살아가는 사람들의 소위 "Koi-bulyaki(코이-불리야키)"라는
것[88]은 흔히 사유재산(私有財産)에 포함된다.

수렵민족(狩獵民族; hunting peoples)은 오두막 주변의 토지도
사유재산(私有財産; private property)으로 생각한다. 예를 들어 카우
프만 교수(Prof. Kaufman)는 투린스크 지역(Turinsk)[토볼스크 주
(gov. Tobolsk)]의 토착민(土着民; the natives) 사이에서 행해지고 있던
일을 지적하고 있다.[89] 유사한 사례가 오스트레일리아의 여러 종
족에 있어서도 발표되고 있지만, 개괄하여 보건대 어떤 특정 결
론을 내리기에는 우리들이 알고 있는 바가 너무나 부족하다.

주거(住居; the dwelling)를 둘러싸고 있는 토지를 배타적·영구
적으로 보유하려고 하는 경작자의 욕망은 노력이 전혀 없는 목초
지, 방목장에 대하여도 경작지(耕作地)나 거름을 준 목초지와 마찬
가지다. 오히려 두 번째 종류의 토지에 관해서 보다 한층 강하다.
왜냐하면 토지에 수반되는 노력이 커지면 커질수록 일반적으로 먼
거리에 있다는 불편은 더욱 커지기 때문이다. 예를 들어 거름을 주
기 위해 멀리 이동해야 한다면 지출―거름의 운반―이 수입(收入;

있었고, 다른 경우로는 1030년경에 클로스테르 샤이에른(Kloster Scheiern)
지방에 있었다. …… 의식(儀式)경계를 달리하는 나무심기(incisio arborum),
점화(點火; ignium ustio) 및 가옥의 건설(domorum edificatio)로서 행하여
지고, 이러한 것은 대부분 점유(占有)의 표징을 나타내는 상징물(象徵物)
의 설치로 집행되었다."―Maurer, *Markenverfassung,* p.165.

86) Kaufman, pp.93, 94.

87) Kirg, Ⅰ. pp 123, 129 ; Ⅳ. p.25; Ⅵ. p.30 ; Ⅸ. p.21 ; Ⅺ. p.35, etc.

88) Kaufman, pp.110, 111.

89) *West Sib.,* ⅩⅢ. p.128.

the returns)보다 많아지게 되므로, 전답이 농가(農家; the farm-house)의 인근에 위치해 있는 경우에만 경제적이기 때문이다.[90]

개인적 결핍은 경작지에 노동의 필요성이 강화되고, 일시적 점유의 영속적 성질을 부여하는 원동력이 된다.

노력과 개인적 결핍의 두 연원에서 생겨나는 사적 재산권(私的 財産權; private property)은 오늘날 이러한 점유가 지니고 있는 모든 속성(屬性; the attributes)을 가지고 있다.

7. 원시적 재산의 특징으로서의 개인적 권리

사적 재산권은 소유자(所有者; proprietor)에게 소유물을 사용·처분할 수 있는 배타적인 권리를 부여한다. 키르기스인(the Kirgizes) 사이에서는 재산은 세습적인 것이고,[91] 그들이 토지를 매각·유증할 수 있음을 입증해주는 다른 예를 우리는 확보하고 있다.[92] 부랴트인(the Buriats)에게도 같은 원칙이 적용된다.[93]

시베리아의 농부는 일단 토지를 점유하고 나면, 자기 자신이 그 토지의 절대적 소유자(絶對的 所有者; the absolute proprietor)라고 생각한다. 토지를 점유한 사람은 자기가 필요한 경작지를 만들고, 매각 또는 임대하여 다른 사람에게 증여(贈與) 또는 유증(遺贈)할 수 있다.[94] 이와 같은 권리는 게르만의 경작자가 옛날에 소유하였던 것과 그대로 똑같은 권리이다.[95]

---

90) Bolshakow, p.22.

91) Kirg., Ⅰ. p.64.

92) Kirg., Ⅵ. pp.30, 37.

93) Krol, p.28.

94) Kaufman, p.250 ; Kachorowski, pp.97, 98 ; T. and T., pp.32, 33.

95) Maurer, *Einleitung,* p.205.

자바(Java)[96] 및 유러시아(European Russia)[97]에서는 맨 처음 토자를 개간한 개간자(開墾者)에게 토지에 대한 세습적인 권리를 인정한다.

이러한 사실로 볼 때, 모든 소유권은 지역공동체가 아니라 개인에게 집중되어 있음을 알 수 있다. 어떠한 공통적인 규칙이 있다고 하더라도 그것은 단지 반유목민 사이에 존재하는 것처럼, 가축사육자(家畜飼育者; cattle-breeder)와 경작자(耕作者; cultivator) 간의 상반되는 이익의 충돌을 방지하려는 것에 지나지 않는다. 따라서 용수로(用水路; water-troughs) 부근의 땅을 갈아엎거나[98] 목초지를 경작하는[99] 일은 허용되지 않는다. 그러나 이런 경우의 모든 제한은 이해관계를 가지는 개인간의 양해(諒解)의 결과로 보인다.[100]

8. 지역공동체의 역할

이러한 발전단계에서의 사회의 역할(the rôle of the community) 은 이들 경찰규정(警察規定; police regulations)을 제외하면, 전적으로 그 구성원을 위하여 자기의 영역을 보전하는 일과 외부인(外部人; strangers)의 침입을 막아내는 일이 있었다.[101] 이러한 역할은 현대 국가(現代國家; modern States)가 그 영토 위에 걸쳐서 행사하는 주권 (主權; the sovereignty)에 상응하는 권리에 지나지 않는다.

---

96) *Eindresumé*, Ⅰ. p.64 ; Ⅱ. p.159.

97) W. W., pp.19, 22.

98) Kirg., Ⅸ. p.28 ; Krol, p.46.

99) Krol, p.48.

100) Kaufman, p.154.

101) *Ibid.*, p.263.

9. 사적 소유의 단계를 거치지 않은 토지

그렇지만 모든 토지가 사적 소유(私的 所有; individual owner-ship)의 단계를 거쳐왔다고는 할 수 없다. 노동력이 투하되지 않았으며, 흩어져 살고 있는 경작자의 주거지 부근에 있는 목초지, 삼림, 방목장은 절대적인 자유사용(自由使用; a free use)으로부터 바로 다른 형식의 규제로 전개되었다.[102)

다른 농장 사이에 위치해 있는 토지는 모든 집단구성원에 대해 동일한 가치를 가진다. 만일 이러한 토지가 충분하지 못하면, 개인뿐만 아니라 집단 전체가 부족함을 느끼게 된다. 우리는 이러한 현상을 사회적 결핍, 아니면 그저 단순하게 결핍이라고 부르는 것이다. 이 경우에 각 사람은 그가 필요로 하는 토지를 배타적으로 점유하고자 하여 점유를 하면 그러한 행위를 그에 대하여 다른 모든 사람들이 그 토지에 대하여 특별한 가치를 부여하는 것이고, 이와 동시에 그들이 희망하는 물품을 그들의 수중에서 빼앗는 셈이 되므로, 여기에서 충돌이 발생한다. 만일 자유점유의 권리가 인정된다면 개인의 충돌이 생겨나게 될 것이고, 이를 방지하기 위하여, 물품의 부족을 느끼기 시작하는 때(이는 인구의 증가에 따른 것이지만), 사회는 이해관계의 충돌을 조정하는 규정을 만들게 된다.

(1) 삼 림

이러한 규정은 대부분 삼림과 관련된 경우가 보통인데,[103)

---

102) Kaufman, *Siberian Com.,* p.89 *et seq.*

103) *Ibid.,* p.322 ff ; Kachorowski, pp.70, 71.

그 풍족함이 감소하면 세밀한 규칙의 형식에 따라서 조절된다.

(2) 목초지

목초지에 관하여는 키르기스스탄의 속령(屬領; the territory)[104]
의 일부 지역에 있는 코사크족(the Cossacks) 사이에서,[105] 톰스크
(Tomsk) 주와 토볼스크(Tobolsk)[106] 주의 러시아 농민들 사이에서
재산발달의 중간단계로서의 사유재산의 결핍을 찾아볼 수 있다
(불행하게도 이들 목초지의 상태에 대한 세세한 부분에 관하여는 전
해지지 않는다). 이와 같은 목초지의 부족을 느끼기 시작할 경우
지역공동체(地域共同體; the community)는 단기 또는 장기로 당해
목초지를 분배해줌으로써 상충하는 이해관계를 충족시켜 주려고
한다. 풍년에는 목초지를 완전히 절대적으로 자유롭게 사용하고,
반면 흉년에는 그 목초지를 지역공동체에 의하여 분배되어 사용
된다는 것이 부족(不足; scarcity)과 사회적 규정(社會的 規定; the
social réglementation) 사이에 존재하는 관계의 특징이다.[107]

(3) 방목장

방목장(放牧場; pasture land)이 모든 사람의 욕망을 충족시켜
줄 만큼 더 이상 풍부하지 못할 때, 사회공동단체는 각 구성원이
사육할 수 있는 가축의 수를 제한한다. 이러한 규정이나 제한에
관하여는 이 장(章)에서 좀더 상세하게 기술하고자 한다.

---

104) Kirg., VII. p.24.
105) Shcherbina, p.154.
106) T. and T., pp.41, 42 ; *West Sib.*, XVIII. p.224.
107) T. and T., p.42 ; *West Sib.,* V. 144 ; Kaufman, p.318.

상대적으로 중요하지 않은 토지는 제외되지만, 노동력이 수반되어 있는 토지와 경작자 주거지 인근의 토지는 항상 사적 소유(私的 所有; individual ownership)의 형태로 인정되고, 이러한 토지가 최초의 재산권(財産權; property)의 형태이다. 우리는 시베리아뿐만 아니라 다른 나라에서도 촌락공동체(村落共同體; the village community) 이전에 가경지(可耕地; the soil)의 개인적 천유(個人的 擅有; an individual appropriation)가 있었음을 찾아볼 수 있다.

10. 촌락공동체와 개인재산 간의 선행여부

(1) 독 일

게르만고법은 밀밭, 목장 및 포도밭의 울타리가 있었음을 근거로 하여 사적재산권의 존재를 기술하고 있다. 마우러(Maurer)도 이러한 사실을 인정하였지만,[108] 사적 재산권은 후기에 발생하였다고 생각하면서 아주 오래 전에는 토지는 공유(共有)였으며, 모든 사람에게 균등하게 분배되었던 것임을 타키투스(Tacitus)의 책을 바탕으로 설명하려고 하였다.[109] 그러나 오늘날 퓌스텔 드 쿨랑주(Fustel de Coulanges)[110]와 힐데브란트(Hildebrand)[111]의 연구의 결과, 이 이론은 그 논거를 잃게 되고, 아주 오랜 전에는 재산이라는 것이 전혀 존재하지 않았었다는 것이 더더욱 일반적으로 승인되고 있다(23면 참조).

---

108) Maurer, *Einleitung*, s. c., 108 ; *Markenverfassung*, p.174.

109) *Idem, Einleitung*, pp.72, 73.

110) Fustel de Coulanges, *The Origin of Property*.

111) Hildebrand, *Recht und Sitte*, 2nd ed., pp.39-133.

(2) 잉글랜드

잉글랜드(England)에 관하여 폴록(Pollock)과 메이틀런드(Maitland)는 다음과 같은 견해를 밝히고 있다. 즉 "오늘날 법의 역사를 진지하게 연구하고 자신의 견해를 신중하게 고찰하였던 사람은 누구나 토지가 자연인(自然人; natural persons)에 의하여 소유되기 이전에 단체(團體; corporations)에 의하여, 즉 관념적 인격체(觀念的 人格體; ideal persons)에 의하여 소유되었음을 주장할 것이라고 생각하지 않을 수 없다"고 한다.112)

(3) 러시아

아주 오래 전 유러시아(European Russia)에서는 촌락공동체가 존재하지 않았다.113) 촌락공동체는 사적 재산권(私的 財産權; private property)을 기원으로 발달한 것으로, 이 사적 재산권의 형성은 16-17세기 이후의 일이기 때문이다.114) 이러한 과정은 1880년대까지도 러시아 남부지방에서 그대로 답습하였다.115)

(4) 인 도

퓌스텔 드 쿨랑주는 인도(India)식 공산주의 이론(共産主義 理論; the communistic theory)의 약점에 관하여 주의를 기울였다. 그

---

112) F. Pollock and F. W. Maitland, *Hist. of Eng. Law before the Time of Ed. I*, Vol. II. p.242.

113) Pawlow-Silwanskij, p.119.

114) Simkowich, *Die Feldgemeinschaft*, s. c., p.56 et seq.

115) W. W., p.12.

는 "비올레(M. Viollet)와 라벨레이예(M. de Laveleye)는 고대 인도에 관하여 자주 언급한다. 물론 공동상속인(共同相續人; co-heirs)에 의한 재산의 공유(共有)도 인정하고 있기는 하지만, 그러면서도 왜 그들은 오늘날까지도 전해져 오고 있는 고대 힌두법(the ancient Hindu law)에서, 사유재산권(私有財産權; the rights of private property)이 존재하고 있었다는 사실을 언급하고 있지 않는 것일까? 어째서 비올레와 라벨레이예 두 명 모두 사슴에게 맨 처음 상처를 입힌 사람이 그 사슴을 소유하는 것과 마찬가지로 토지역시 처음으로 개간한 사람에게 속한다는 옛날 격언(the old maxim)을 인용하지 않는 것일까?"라고 한다.116)

이러한 주장은 인도에서 행하였던 바덴-포웰(Baden-Powell)의 연구에 의하여 한층 더 강력하게 긍정되었다. 그는 헨리 메인 경(Sir Henry Maine)의 저서에서 내린 결론은 당시 저자가 확보하고 있었던 증거에 의거해서만 표면적으로 가능한 것일 뿐이라고 지적하고 있다. 메인이 저술할 당시 활용할 수 있었던 지식은 이후에 밝혀진 사실과 현저하게 다르다는 것은 거의 의심할 바 없다.

여기에서 널리 일반적으로 유포되어 있고, 경작지에 관한 이익단체(利益團體; a community of interests)가 없었던 것을 특징으로 하는 산거촌락(the Raiatwari form of village)[집합촌락(集合村落; the joint village)은 218,170 평방 마일을 차지하는 데 비하여 산거촌락은 575,313 평방 마일을 차지한다]에 관하여 왜 아무런 언급이 없는지에 대하여 메인의 저서에는 설명되어 있다.117) 이러한 형태의 촌락이 옛날에는 일반적이었던 것으로 생각된다. 바덴-포웰은 "과거의 관습에 관한 모든 자취는 이러한 점에 관하여 당시 촌락이 오늘날의 산거촌락과 똑같았다는 사실을 보여 준다"고

---

116) Fustel de Coulanges, *Origin of Property,* p.131.

117) Baden-Powell, *The Indian Village Community*, 1896, pp.4-11.

한다.118) 그리고 그는 메인을 비평하면서 결론으로서 "옛날이나 지금이나 공유(共有; ownership in common)가 일정한 특징임을 입증할 수 없는 한, 이러한 인도식 촌락공동체가 있었다는 사실은 승인되어야 하고 토지에 관한 과거의 관습에 대하여 무엇이 일반적 특징인가라는 물음에 대한 답변의 증거로서 인도의 촌락공동체를 드는 것은 거의 불가능하다는 것을 말할 수 있는 권리는 우리들만이 갖고 있다고 생각한다"고 한다.119)

(5) 자 바

자바(Java) 가운데 주민이 그다지 많지 않은 지역에서는 일반적으로 개인재산은 세습되는 것이 원칙이다.120) 그리고 촌락공동체(村落共同體; the village community)는 주민이 조밀한 곳에서만 형성되었을 뿐이다.121)

---

118) Baden-Powell, p.11.

119) *Ibid.*, p.5.

120) Laveleye, *De la propriété*, p.68 ; *Eindresumé*, Vol. I. p.17.

121) *Eindresumé*, Vol. I. p.203. "개인의 세습적인 재산은 어느 곳에나 있었다." *Ibid.*, p.294. 이러한 사실은 촌락공동체(村落共同體; the village community)가 발견되는 모든 지역에서 확인되고 있다. 췌리본(Cheribon) : 공유재산(共有財産)은 1812년에야 비로소 생겨났고, 그 이전에는 사유재산(私有財産)이 전적으로 많이 존재하였다(Vol. II. p.71 ; Bagelin, *Idem*, Vol. II. p.142 ; Japaras, *Idem*, Vol. II. p.161 ; Rembang, *Idem*, Vol. II. p.182 ; Madioen, *Idem*, Vol. II. p.199 ; Pasocrean, *Idem*, Vol. 247).
    소에라바야(Soerabaja)에서는 네델란드 시대 이전에는 "사와(sawahs)"는 자유롭게 무제한으로 그 점유가 허용되었다(Vol. II. p.227).
    라벨레이예(Laveleye)는 그의 책 5판(pp.58-72)에서 자바(Java)에 관한 네델란드 사람들의 연구 결과를 싣고 있다. 그러나 그는 자기의 연구 결과를 뒤엎는 결과에 관하여는 애매모호하게 다루고 있다.

11. 공산주의적 이론에 반하는 기타의 증거

위에서 살펴본 바에 의하면 공산주의(共産主義)의 중심 이론
은 이미 무너져 버렸다. 그러나 라벨레이예(Laveleye)와 메인
(Maine)의 이론에 대하여 빚어진 논박은 이것만이 아니다. 그리스
(Greece)의 호머(Homer)는 자신이 쓴 시(詩)에서 고대 종교의 의
식(儀式; the rites)이나 고대 법률의 잔해(殘骸; the vestiges) 등을
통하여 사적 소유(私的 所有; the individual ownership)가 있었음을
뒷받침해 주었다.122) 히브리족(the Hebrew tribes) 사이에서의 사적
소유는 문명의 시작 이전부터 존재하였던 것이다.123)

오늘날 어디서든 가장 미개한 민족들은 토지의 공유(共有)라
는 것을 모른 채 살아간다. 촌락공동체는 좀더 진보한 사회에서
찾아볼 수 있다.124) 이와 같이 우리가 확보하고 있는 증거는 모
두 실제로 일반적 결론을 그대로 뒷받침해 준다.

12. 원시적 재산의 형성에 대한 관념을 전달한 로마법

우리가 하는 연구를 사적 소유권의 원시적이고 자연적 형식이
라고 하는 로마시대의 옛날 이론으로까지 거슬러 올라가 보자. 이
밖에도 로마법(the Roman Law)은 재산권(財産權; the property)이
형성되는 방법에 관하여 정확한 관념을 우리에게 전해준다. 이
문제는 재산에 관한 공산주의이론(共産主義理論; the communistic
theory)의 창설자들이 논쟁의 주제로 삼았던 것이다. 메인은 "로

---

122) Fustel de Coulanges, p.95.

123) Lewis Morgan, *Ancient Society*, p.542.

124) Dargun, *Ursprung und Entwickelung*, s. c., pp.3, 13, etc.

마법학자는 점유(占有; occupancy)가 재산권을 취득하는 자연적 방법의 하나라고 하였고, 인류가 자연적 법칙(自然的 原則; the constitution of nature)에 맞추어 생존하고 있는 한, 점유는 그러한 실행과정 중 하나라고 믿고 있었음은 의심할 바 없는 사실이다"125)라고 한다. 메인은 이 이론에 따르지 않고 "이러한 행위가 무주물(無主物; res nullius)에 대한 권리(權利; a title)를 부여해 준다는 관념은 아주 초기 사회의 특질이 아니고, 세련된 법학(a refined jurisprudence)과 안정적 법률상태(a settled condition of the laws)의 산물이다"라는 결론을 내린 바 있다.126) 라벨레이예(Laveleye)도 토지는 결코 무주물(無主物)이었던 적이 없었다는 사실을 주장하면서 같은 결론을 내리고 있다.127)

　　인구(人口; the population)가 그다지 많지 않고, 토지가 풍부하였던 농업생활의 가장 원시적인 시기에서의 재산(財産)의 형성을 알아볼 수 있는 점유(占有; occupation)는 재산형성의 길을 만들어 주었음을 뒷받침해 주는 충분한 증거를 제공해 주는 것이다. 틀림없이 점유자(占有者; the properietor)를 무장한 강자(强者; a strong man)로 표현한 점유에 관한 옛날 이론이 비평을 불러일으키는 것은 당연한 일이다. 메인은 "시간의 경과가 한 사람의 점유에 대하여 존중의 생각을 낳게 하는 것은 무슨 까닭 때문인가"라고 공격적으로 말한 바 있다.128) 앞에서 고찰한 바와 같이, 오랜 기간 동안 사유재산에 대한 일반적 존중의 연원을 이루는 것은 무력(武力; strength)이 아니라 면면히 이어온 사회 각 구성원의 이익(利益; interest)이었다.

---

125) Maine, *Ancient Law*, 1906, p.263.

126) *Ibid.*, p.268.

127) Laveleye, 5th ed., p.544.

128) Maine, *Ancient Law*, 10th ed., p.268.

비천유지 및 천유지에 있어서 자유사용 및 자유소유에 의한 주기적 분배의 경로

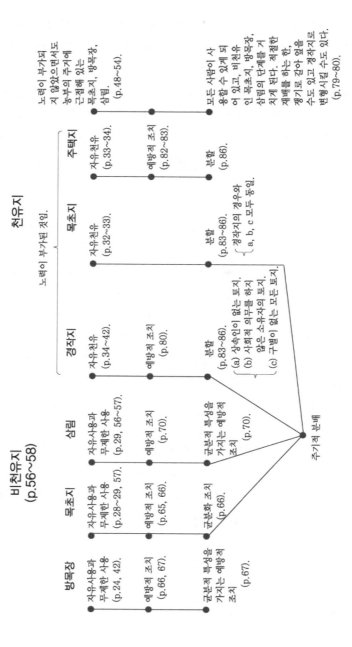

촌락공동체(村落共同體)의
기원과 그 발달

1. 촌락공동체 내부의 제재의 필요성

우리는 제2장에서 사적 재산권(私的 財産權; individual property)
의 존재가 사회 전체의 이익과 조화를 이루기 때문에 발생한 것
임을 밝히는 데 주력하였다. 만일 우리가 추론한 논리의 기초가
잘못된 것이 아니라면, 이와 같은 형태의 소유권은 다수인에게
불편한 것으로 인식된다면 바로 사라지고 말 것이다. 언제쯤 이
러한 일이 생겨나게 될까? 촌락공동체의 형성은 사유재산의 기
원을 이루었던 것과 동일한 요소, 즉 인구의 증가에 기초를 두고
있다. 다음과 같은 두 가지 요소로 인하여 사회의 제재는 전체나
적어도 다수인들을 위하여 바람직한 것으로 된다.

1. 인구의 증가는 부(富)의 파괴를 가져오기 때문이고,
2. 인구의 증가와 함께 개인이 보유하고 있는 토지에 의한
일정한 불평등(不平等)은 그로 의하여 나쁜 영향을 받는 사람들에
게 더욱더 큰 부담이 되고, 그 결과 가경지(可耕地; the soil)의 분

할이 유발되었기 때문이다.

그러므로 지역공동체는 기존 토지의 파괴를 방지하고자 토지를 균분하는 것이다.

2. 비천유지의 예방적 정책

예방정책(豫防政策; the preventive policy)은 오로지 비천유지역(非擅有地域; the non-appropriated)에만 적용된다. 왜냐하면 비천유지역에 대해서만 예방정책의 필요성이 있기 때문이다. 사람이 토지를 소유하면 그 자신의 개인적 이익은 언제나 그가 당해 토지를 파괴하지 않는다는 것에 대해 충분한 보증에 의존하는 것이다. 어떠한 경우에도 토지를 부실하게 관리한다면 그것은 항상 그 자신만을 해하는 것이고, 사회는 아무런 해가 없기 때문이다.[1]

(1) 목초지

소유주가 없는 목초지(牧草地; meadows)에서 아무런 제한 없이 풀을 벨 수 있는 권리는 인구의 증가로 인해 참담한 결과를 낳게 된다. 풀을 베야 하는 사람이 많아지게 되면 경쟁이 발생하기 때문이다. 그리고 사람들은 다른 사람보다 일찍 풀을 베려고 노력하기도 한다. 그 결과 사람들은 풀이 충분히 성장할 때까지 기다리지 않고 풀을 베기 때문에, 상대적으로 그 수확이 감소된다. 이로 인하여 모든 사람들에게 손해가 발생하고, 이를 방지하

---

[1] 이따금 촌락공동체는 이러한 약탈에 의해 고통을 받곤 하는데, 이때 기후조건은 산림벌채에 영향을 주곤 한다.

기 위하여 지역공동체는 일정한 날짜 이전에는 풀을 베는 것을 금지한다.2) 어떤 곳에서는 풀을 벨 수 있는 날짜만 정하는가 하면 다른 곳에서는 이와 더불어 더 복잡한 규정을 두기도 한다. 촌락의 모든 주민은 해가 뜨기 전에 모두 모여 일정한 신호에 맞추어 가장 좋은 목초지를 차지하기 위해 말을 돌진시키기도 한다.3)

(2) 목초지의 균분화적 성격

비천유지에 대한 예방정책에 의해 목초지를 관리함으로써, 목초지는 완전히 균분화적 성질을 갖게 된다. 즉 시베리아의 키르기스인(the Kirgizes)이나 코사크인(the Cossacks)은 각 가정이 가지고 사용할 수 있는 풀 베는 도구의 수를 제한하거나 그 사용을 금지하는 예방조치를 취하고 있다.4) 마지막으로 지역공동체(地域共同體; the community)는 충분한 풀을 확보하지 못하는 사람들에게 다른 사람이 점유하는 목초지의 일부를 나누어준다.5)

주인이 없는 목초지에서는 천연적 자원을 파괴하는 경쟁은 발생하지 않고, 많은 수의 가축을 무제한으로 방목한다. 인도에서는 지나친 방목으로 땅 위에 식물의 조그만 싹조차도 볼 수 없는 불모지가 되기도 하였다. 풀은 두 번 다시 자랄 수 없게

---

2) 시베리아(Siberia)에서는 과일을 주워 모으는 것과 유사한 규칙을 찾아볼 수 있는데, 지역공동체는 채집할 수 있는 시기(時期)를 규정하고 있다(T. and T., pp.91, 92 ; *West Sib.,* XVIII. p.262). 코사크족(the Cossacks) 사이에서는 정해진 기간에만 고기잡이를 할 수 있도록 되어 있다(Kachorowski, pp.120, 175).

3) *Ibid.,* Kaufman, p.247.

4) Kaufman, p.130 ; Kachorowski, pp.121, 127 ; Shcherbina, p.154.

5) Kaufman, p.317.

되었고, 풀이 없어서 그늘조차 없는 곳에서는 마른 가축들이 살아남기 위해 참혹하게 발버둥치고 있을 뿐이다.6) 이와 같이 토지가 척박해지는 것을 막기 위하여 방목을 허용하는 가축의 수를 제한하지 않으면 안 된다. 우선 파는 소를 사들여 방목하는 것이 금지된다. 따라서 시베리아에서뿐만 아니라 인도에서도 젖소, 물소 및 운반용 가축은 방목에서 제외되고 경작이나 급수에 사용되는 가축만이 방목이 허용되는 것을 쉽게 찾아볼 수 있다.7) 고대 영국의 촌락공동체에서 다수의 목초지에 대한 유일한 제재는 다른 곳에서 들여오는 가축을 제한한 것이 아니라 마을 주민이 소유하는 가축만 들어오도록 허용하였고, 또한 소위 앵글로-노르만인(the Anglo-Normans)의 공동택지에서 살아가는 사람이어야 하며, 다른 지역에 거주하는 사람에게는 허락되지 않았다.8) 우리는 이와 유사한 제한을 옛날 독일의 공유농지(the German Mark)에서도 찾아볼 수 있다.9)

그 이후의 제한은 한층 자세하게 규정했는데, 모든 사람은 약속한 수의 가축만을 방목할 수밖에 없었다. 시베리아 및 동부 러시아의 남쪽에서 방목할 수 있는 가축의 수는 모든 사람에게 균등하였다. 그리고 만일 분배된 가축의 수가 적은 사람은 자기의 권리를 가축이 많은 사람에게 양도하기도 하였다.10) 동일한 관습

---

6) J. A. Voelcker, *Report on the Improvement of Indian Agriculture*, 1894, pp.172-4.

7) J. A. Voelcker, *Report on the Improvement of Indian Agriculture*, p.72.

8) P. Vinogradoff, *The Growth of the Manor*, 2nd ed., 1911, p.169.

9) "어느 경우에나 자기가 기르는 가축만이 사육장(飼育場)이나 목장(牧場)에 보내질 수 있다. 그러면서 다른 부락의 가축과 한 떼로서 합쳐지거나 팔리게 된다."—Maurer., *Markenverfassung*, p.145.

10) T. and T., pp.82, 83 ; Kachorowski, p.163. 매각을 목적으로 하여 가축을 기르지 않는 중앙 러시아(central Russia)에서는 이와 같은 제한이 전혀

이 고대 덴마크의 촌락공동체(the old Danish village community)에
도 있었다.[11] 11세기 영국에서는 공동목초지에 방목할 수 있는
가축의 수를 제한하였는데, 각 세대(世帶)의 대소에 따라서 똑같
이 하든가, 아니면 비율적으로 할 필요성이 있으면 그에 따랐음
을 뒷받침해주는 많은 흔적을 찾아볼 수 있다.[12] 8, 9세기경 독
일에서도 이러한 제한을 찾아볼 수 있다.[13] 이러한 조치는 처음
에는 거의 예방적 성격을 가졌지만, 후기에 이르러서는 점차 균
분적 경향(均分的 傾向; an equalizing tendency)을 띠게 되었다.

(3) 삼림경제원칙의 시행

지역공동체(地域共同體; the community)의 예방정책은 오로지
파괴의 증대에 의해서만 발생된 것은 아니고, 인구의 팽창과 결
핍의 증가와 함께 이러한 파괴가 쉽게 눈에 띠게 되었다는 이유
에서도 발생한 것이다. 이것은 시베리아의 삼림지관리(森林地管理)
에 관한 역사가 잘 설명해주고 있다.

즉 제1기에는 아주 비옥한 삼림이 있고, 농부가 필요로 하는
목재(木材)가 풍부하게 있었을 뿐만 아니라 오히려 사용하고도
남은 나무는 농업에 장애물이 되곤 하였다. 삼림은 쓸모없는 물
건으로 취급되고 많은 낭비를 빚어내기도 했다. 농부가 한 그루
의 나무를 필요로 하는 때에는 여러 그루의 나무를 베고, 그 중

없다. 각 사람은 경작이나 기타의 일에 필요한 것만을 소유하고, 그리고
경작지(耕作地)는 균등하게 분배되고 있기 때문에 소유가축 수의 큰 차이
는 있을 수 없고, 특별한 관리법도 필요치 않는 것으로 되어 있다.―W.
W., p.471.

11) K. Haff, *Die Dänischen Gemeinderechte,* 1909, Ⅰ. p.66.

12) Vinogradoff, p.169.

13) Maurer, *Markenverfassung,* p.145.

에서 가장 좋은 것을 골라 쓴다. 삼림이 대부분 불타서 못쓰게
되어도 재난이라고 생각하지 않고 농업의 편익을 위한 하나의
과정이라고 생각하였다. 이러한 상황에서는 낭비를 막아야 할 조
치가 그다지 필요하지 않았음은 너무도 당연하다.14)

그러나 이러한 행태는 결국 풍요로움을 감소시켰고, 더 나아
가 부족을 느껴지기 시작할 때에 변하게 된다. 시베리아에 있는
러시아 농민들 사이에서 가장 먼저 쫓겨난 사람들은 다른 지역
공동체에서 온 주민들이었다.15) 어린 나무를 베는 것은 금지되었
고, 일반적인 삼림경제가 시행되었다.

후기로 접어들면서 지역공동체(地域共同體; the community)는
모든 사람들이 채취할 수 있는 어린 목재의 수량을 제한하였고,
이와 함께 재산에 대한 균분화적 요소가 도입되었다.

(4) 벌목량의 제한

시베리아의 어느 한 지역에서는 농부가 판매용으로 벌채할
수 있는 목재의 양을 그 농부의 말이 실어 나를 수 있는 만큼으
로 한정하기도 하였다.16) 부랴트인(the Buriats) 사이에서는 그 자
신과 가족이 사용하기 위한 나무를 벌채하는 데에는 아무런 제
한이 없었지만, 다른 사람에게 팔기 위한 벌채인 경우에는 반드
시 허가를 얻어야 하는 지역공동체가 있었다.17) 이와 같은 정책
은 때로는 목재에 대한 매각을 완전히 금지하는 쪽으로 이어지
기도 한다.18)

---

14) Kachorowski, pp.165 ff. ; T. and T., p.69.

15) Kachorowski, p.166.

16) *Ibid.* p.166.

17) Krol, p.71.

좀더 시간이 흘러서 삼림(森林; the forest)의 황폐화가 더욱 심화된 때에는 지역공동체는 모든 사람들이 자신들이 사용하기 위하여 벌채하는 것조차 그 양을 규제하게 된다. 시베리아의 어느 지역에서는 가옥의 신축이나 보수가 필요한 사람에게만 삼림 벌채의 허가를 해 주었다.[19] 옛날 독일의 공유농지(共有農地; Mark)에서는 각 사람이 채취할 수 있는 나무와 땔감의 양이 정해진 경우도 있었다.[20]

지금까지 기술해 온 방법은 시간이 흘러서 후기로 내려옴에 따라 균분화적인 성질을 띠기도 하였지만, 주로 자연적인 자원의 파괴를 방지하려는 것을 목적으로 하였던 것이다.

3. 지역공동체의 균등화정책

이제 우리는 각자의 재산을 균등하게 하려고 하였던 지역공동체의 관리정책을 검토해 보기로 한다. 어떤 사람의 천유에 속하는 토지에서는 파괴의 방지를 고려할 필요가 없었기 때문에, 완전한 형태로 이 정책을 그대로 관찰할 수 있었다.

(1) 토지의 자유점유에 따른 불평등의 발생

무엇 때문에 어느 시기에 이와 같은 균등화 정책(均等化 政策)이 필요한 것인가? 자유점유(自由占有; free occupation)의 권리는 아주 심한 불평등을 가져오기 마련이다. 남다른 능력과 많은

---

18) Kaufman, p.324.
19) Kaufman, p.326.
20) Maurer, *Dorfverfassung*, p.214.

가축을 가지고 있으며 대가족을 거느리고 함께 사는 사람은 다른 사람보다 열배 또는 백배나 넓은 토지의 소유자가 되기도 한다.21)

경작지의 소유에 관하여 부유한 사람이 가난한 사람에 대하여 가지는 우월성은 코사크족(the Cossacks) 사이에서 잘 살펴볼 수 있다. 자신이 부리고 싶을 때 쓸 수 있는 경작용 쌍우(耕作用雙牛)와 서너 마리의 황소를 가지고 있는 부유한 소유자는 수확이 끝나기 전에 탈곡을 시작할 수 있다. 서너 마리의 황소는 곡물의 탈곡에 사용하고 한 조씩 짝지은 소는 들판에 내보내 가장 좋은 토지를 차지한다. 가난한 사람은 한두 마리의 소나 말밖에 가질 수 없기 때문에, 이와 같은 일을 동시에 할 수 없다. 그들은 우선 곡물을 창고에 실어 날라야 하고, 그리고 난 뒤에 비로소 곡물을 탈곡해야 하기 때문에, 가을이 지나기 전에는 경작은 생각조차 할 수 없다. 소유가 영구화되었을 때 그는 다른 농부들이 선택하고 남은 토지를 차지하게 되면서 차츰 적은 규모의 척박한 토지를 차지할 수밖에 없다.22)

우리는 1천 디쟈틴 이상의 토지를 소유하고, 75대의 써래와 30 내지 40대의 쟁기를 가지고 있는 코사크족의 부자에 관하여 들은 바 있다. 그런가 하면 사회의 다른 한편에서는 얼마 안 되는 토지밖에 갖고 있지 못하여, 부자에게 의존하여 살아가지 않으면 안 되는 무산자(無産者; a proletariat)를 본 적도 있다.23)

이르쿠츠크 주(the government of Irkutsk)에서는 경작지에 대해서 다음과 같은 분배가 행하여졌던 것으로 확인되고 있다.

---

21) T. and T., p.35.

22) Harusin, pp.11-13 ; Sir D. M. Wallace, *Russia,* 1905, Vol. Ⅰ. p.299.

23) Harusin, pp.13, 14.

소 유 자 의 비 율		
10 디쟈틴 이하	10 ~ 20 디쟈틴	20 디쟈틴 이상
러시아 농민 39.8%	35.1%	25.1%
토착민 50.8%	32.3%	16.9%

가난한 사람 중에는 전혀 토지를 갖고 있지 못한 사람이 있는가 하면, 부자 중에는 때때로 500디쟈틴, 아니면 그 이상 가지고 있는 "대부호(大富毫; magnates)"도 있었다.24)

똑같은 불평등이 부랴트인(the Buriats) 사이에서는 단순히 울타리를 치기 위하여 소유할 수 있는 목초지에 관하여만 존재한다. 부자 중에서도 어떤 사람은 풍작이 드는 동안에는 몇 년이라도 풀을 베지 않고 방목장으로 사용할 수 있을 만큼의 광대한 목초지를 소유한다.25)

(2) 불평등에 대한 조화로운 이해

양질의 토지가 풍부한 경우에는 이러한 불평등이 있더라도 타인에게 손해를 끼치는 일은 없다.26) 이르쿠츠크 주(the Government of Irkutsk)의 어느 마을의 토착민들은 어째서 당신들은 토지를 분배하지 않는가 라는 질문을 받았을 때 "모든 사람이 자기가 원하는 만큼 개척하여 사용할 수 있는데, 왜 토지를 분배하여야만 하는가? 경작지의 경작은 많은 노력을 필요로 하고, 각 사람은 그가 경작한 것을 간직하기를 바라고, 만약 그렇지 않다

---

24) Lichkow, pp.187, 290 ; Kachorowski, p.144.
25) Krol, p.24.
26) T. and T., p.35 ; Kachorowski, p.144.

면 헛된 노력을 했다고 생각하기 때문에 토지의 분배를 얘기조차 할 수 없다"고 대답하였다. 다른 촌락에서 이와 똑같은 질문을 하여 다음과 같은 답변을 들은 바 있다. "부지런한 남자라면 언제든지 자기 스스로 경지를 일굴 수 있다. 그런데 어째서 남의 노력을 빌어서 써야 한단 말인가?"[27]라고 하였다.

시베리아의 비옥한 토지에 사는 부유한 러시아 농민들은 가난한 농부의 불평에 대하여 "당신들은 충분한 경지를 갖지 못한 것이 사실이다!―그렇지만 한번 둘러보시오. 놀고 있는 토지가 주위에 얼마나 많은가를! 우리는 우리의 가경지(可耕地; the soils)를 개척해 왔고, 그렇다고 하여 여러분이 똑같은 일을 하는 것을 방해하는 일은 전혀 없을 것이요"[28]라고 대답하곤 할 것이다.

(3) 인구증가에 따른 무산자의 증가

이와 같은 상태는 인구의 증가와 함께 변화된다.[29] 경작하기에 편리한 토지나 양질의 목초지를 점유하게 되면, 가난한 사람이나 새로이 한 가정을 이루려는 청년은 오로지 척박한 토지밖에 찾을 수 없거나 아니면 전혀 찾지도 못하게 되었을 때, 과거의 사물에 관한 질서는 전체의 이익을 위하여 도움이 되지 못하는 것이 되고 만다. 우리는 이렇게 된 곳을 유러시아나 시베리아의 농민,[30] 타타르인(the Tartars),[31] 코사크족(the Cossacks),[32] 부

---

27) Lichkow, pp.199, 200.
28) Kaufman, p.275.
29) 이러한 과정과 인구성장 간에 존재하는 관계에 대해서는 Kaufman, p.275 참조.
30) W. W., pp.8-10, 37, 38 ; T. and T., p.35 ; Kachorowski, p.144.
31) Utz, s. c., p.54.
32) Harusin, pp.1 and 13.

랴트인(the Buriats)[33] 등에서 찾아볼 수 있다.

(4) 부자와 가난한 자들 간의 투쟁

1) 각각의 이해를 대변하는 주장

인구의 증가는 단지 사유재산권(私有財産權; private property)을 강화시키는 쪽으로만 작용을 하였다. 토지의 부족이 느껴지기 시작하였을 때부터 소유자는 그 소유지에 한층 더 강하게 집착한다. 그러나 인구의 끊임없는 팽창과 그 결과 욕망의 만족을 얻지 못하는 사람의 증가와 함께 상반되는 이해관계를 둘러싼 투쟁은 점점 더 깊어져갔다. 가난한 사람 쪽에서는 자기들의 생활을 개선하는 유일한 수단은 부자의 토지를 요구하는 일 뿐이었다. 이들은 그 요구의 기초를 공산주의적 원칙(共産主義的 原則; the communistic principle), 즉 토지는 신의 하사물(a gift of God)이고, 어느 누구의 토지도 아닌 공유재산이며, 그 결과 똑같은 의무를 이행하는 자는 똑같은 몫을 가질 수 있는 권리를 가진다는 데 그 주장의 근거를 두고 있다.[34]

다른 한편 부자는 점유하고 있는 가경지(可耕地)를 사유로 하는 것은 각 사람의 권리라고 주장하고, 노동(勞動; labour)과 선점(先占; first occupation)의 두 가지 원칙을 바탕으로 하여 정당화하려고 노력한다. "우리들의 토지는 우리들의 조부나 증조부가 경작하던 것이었다. 다른 가족의 선조가 게으르게 산 것이 우리들의 잘못은 아니지 않는가?"[35]라고 말이다.

---

33) Krol, p.29.

34) Kachorowski, p.145.

35) *Ibid.* 코사크족에 대해서는 Harusin, p.15 참조.

2) 폭력 등으로 얼룩진 투쟁

이러한 불만은 언제나 입으로 말하다 끝나지는 않았다. 충분한 토지를 소유하지 못한 사람들은 폭력을 사용하여 부자로부터 토지를 빼앗으려고 한다. 예를 들면 코사크족(the Cossacks)에서와 같이 가난한 사람들이 소유할 목적으로 쟁기를 가지고 부자의 토지에 침입하는 예가 종종 있었다. 이들의 계획은 대체로 쟁기를 부러뜨려, 머리를 때리는 싸움으로 끝나는 것이 보통이었다.[36]

유러시아의 농민들 사이에서의 토지분할을 위한 투쟁의 과정은 방화(放火; arsons)나 칼이나 몽둥이를 휘두르는 폭력, 때로는 살인을 수반하기도 하였다.[37]

3) 다수의 이해에 대한 우선권

가난한 사람들이 그들의 이익의 주장을 유리하게 할 수 있는 가능성은 시간이 흐를수록 더더욱 증가한다. 인구의 증가와 함께 토지를 갖고자 하는 사람의 숫자가 증가하고, 이처럼 토지의 분배에 대하여 요구하는 사람이 다수파가 된다.[38]

유러시아의 농민에 관하여, 심코비치(Simkowich)는 "토지를 가지지 못하는 사람이 증가하면 증가할수록 소수자인 부자들은 균등화(均等化)를 승인하지 않을 수 없게 되고, 균등화를 승인하지 않는 자들에 대해서는 다수파는 협박하거나 박해를 가한다. 예를 들어 만약 부자들이 그들의 권리를 포기하려고 하지 않는다면 토지의 분할은 그들을 제외하고 행해진다. 그리고 부자는 공동방목장(共同放牧場; the common pasture)을 사용할 수 없게 된

---

36) Harusin, p.16.
37) Simkowich, s. c., pp.77, 78.
38) Krol, p.176.

다. 때로는 심지어 폭력이 동원되기도 한다.”[39]

　그러한 경우 우리는 다수의 결의에 반대하려고 하는 농부에 대하여는 공개적인 매질(a public cudgelling)에 처한다는 말을 들은 적도 있다.[40]

　크롤(Krol)은 트랜스바이칼(Transbaikal)에 사는 러시아 농민에 관하여 다음과 같이 기술하였는데, “힘(strength)과 다수의 목소리가 예전 재산소유형식을 유지하려고 주장하는 한, 이러한 예전 재산소유형식은 변화하지 않고 그대로 존속한다. 그러나 목초지의 불평등한 분배의 비율을 상당히 바꾸려고 하거나 현존하는 질서를 대체시켜 한층 평등한 질서를 갖추고자 하는 사람의 수가 사회 내에서 아주 많아지게 될 때에는 목초지의 소유자는 이에 타협하지 않을 수 없게 된다”[41]라고 하였다.

　또한 크롤은 부랴트인(the Buriats)에 관하여도 마찬가지로 불만을 품는 사람들의 수가 증가하여 다수가 될 때, 부자들의 권리는 제한되기 시작하고, 분배에 있어서 균등화(均等化; the community)를 이루려고 하는 지역공동체(地域共同體; the community)의 노력이 나타난다고 하였다.[42]

4) 원시사회 및 근세사회 이후 계급투쟁의 유사성

　서로 대립적인 이해관계인들 사이의 투쟁은 오랫동안 계속된 것이다. 심지어 부자의 숫자가 적어진다 하더라도 그들은 일정한 기간 동안 그 자신의 이익에 손해를 발생시키지 않을 수 있도록 만들 수 있다. 만일 공산주의자(共産主義者; the Commu-

---

39) Simkowich, s. c., p.77.
40) H., p.78.
41) 동일한 원칙은 경작지에서도 적용된다. Krol, p.176.
42) Krol, pp.29, 112.

nist)의 주장이 통용되는 상황이 되면, 자기들이 이미 소유하고 있는 것을 잃을까 두려워하는 많은 수의 중산계급자(中産階級者; the middle class)는 부자 쪽으로 합세할 것이다.[43)]

가난한 사람도 일부는 같은 이유에서 혹은 다른 일부는 자기들이 경제적으로 부자에 의존하여 산다는 이유에서 같은 태도를 취한다. 부유한 코사크족에 관하여, 하루신(Harusin)은 "그들의 세력과 술책 덕분에 그들은 장래의 빈곤에 대해 헛소문을 퍼뜨리고 다님으로써 아주 가난한 사람들을 자기들의 편으로 끌어들이게 된다"고 한다.[44)]

그러나 마지막에는 인구의 증가와 함께 가난한 사람들의 숫자와 처참한 생활상들이 더욱 증가하게 되면, "중산계급자"들은 현 제도의 오류를 더욱 강하게 보고 느끼게 되어서, 상대편으로 그 입장을 옮겨가게 된다.[45)]

이러한 계급투쟁(階級鬪爭; the struggle of classes)의 모습이 현대 자본주의(資本主義; the Capitalism)의 발달 이후 볼 수 있는 현상과 어떻게 유사한지를 관찰하는 것은 흥미로운 일이다.

균분화(均分化; equalization)를 지지하는 사람이 다수를 차지하게 되고 난 뒤 곧바로 사적 소유(私的 所有; the individual ownership)가 폐지되었다고 생각하는 것은 잘못이다. 재산균분화(財産均分化)에로의 변천은 점진적인 것이었다. 이러한 변천은 균분화를 지지하는 자의 숫자가 그다지 많지 않은 때부터 시작되었고, 무산계급(無産階級; the proletariat)의 정치적 승리가 이루어진 이후까지도 여전히 계속된 것이다.

---

43) Harusin, p.18 ; Kachorowski, p.145.

44) Harusin, p.19.

45) Kachorowski, p.146.

4. 사유에서 공유로의 점진적 이행의 3단계

사적 소유(私的 所有; the individual ownership)로부터 공동소유
(共同所有; the common ownership)에로의 변천은 충분한 토지를
갖지 못한 사람들이 수가 증가하는 것에 따라 진행된다. 이 전개
과정은 3기(期)로 나누어 살펴볼 수 있다.

제1기. 이 시기에는 재산의 균분은 없고, 단지 지역공동체(地
域共同體; the community)가 자유점유(自由占有; free occupation)의
권리를 제한할 뿐이다.

제2기. 지역공동체는 어느 한 사람으로부터 다른 사람에게로
재산을 이전하도록 하게 할 권리를 가진다.

제3기. 토지(土地)는 주기적으로 분배된다.

(1) 자유점유에 대한 권리제한의 단계

1) 노동력의 부가 없이 천유한 토지에 대한 개방정책

제1기에서 볼 수 있는 규제의 중요한 점은 재산권을 노력이
부가된 토지로만 한정시키는 것이다. 주거지(住居地)에 가깝기 때
문에 별다른 노력을 하지 않고도 소유하게 된 방목장(放牧場; the
pastures), 삼림(森林; the forest) 및 천연목초지(天然牧草地; the nat-
ural meadows)는 그들이 부족을 느껴지기 시작할 때 바로 그 소
유자로부터 그것을 환수하여 모든 사람이 자유롭게 사용할 수
있도록 해 주는 것이다.[46]

누구든지 이 토지를 경작할 수 있다. 경작지에 대한 수요가

---

46) Kaufman, pp.291, 319.

많았기 때문에, 지역공동체(地域共同體; the community)는 "경작(耕
作; the plough)에 대한 제한을 부가하는 것을 금지한다"라는 원
칙을 지켜나갈 뿐이다.47)

2) 산거농장체제에서 촌락제로의 변천

이 단계에 이르면, 산거농장체제(散去農場體制; the scattered
farm system)는 종료하고 만다.

경작하기에 적절한 방목장이 가난한 사람들에 의하여 전부
경작될 때, 그 농장은 비로소 하나의 경제적 총체(經濟的 總體; an
economic whole)가 되는 것이다. 농부는 그의 가축을 해당 목적을
위하여 지역공동체가 만들어 놓은 공동방목장(共同放牧場; the
common pasture)에 내보내야 한다. 이 단계에서 농부는 그의 예
전 거주지를 떠나서, 촌락을 형성하기 위하여 선정해 놓은 곳으
로 가서 거주한다. 그곳에서 그는 한층 더 편리하게 방목장을 오
갈 수 있다.48)

가난한 사람은 보다 적극적으로 농장제(農場制; the farm sys-
tem)의 폐지를 주장한다. 그들은 이 점에 있어서 부자들에게 아
주 심한 압박을 가하기도 한다.49)

그래서 "산거제(the Einzelhof)"로부터 촌락제로의 변화과정은
마우러(Maurer)가 상상한 것처럼(51면 참조) 전혀 불가능한 것이
아니라, 우리가 오늘날에도 볼 수 있는 바와 같은 것이다.

3) 경작하지 않은 가경지에 대한 권리제한

경작지는 경작의 용도로 사용하는 기간에만 소유자(所有者;

---

47) Kaufman, *K. woprosu*, p.35.
48) *Ibid.*, and Shcherbina, p.77.
49) Kaufman, pp.228-294 ; Shcherbina, pp.69-77.

the proprietor)가 보유할 수 있었다. 이러한 어려운 문제에 대처하기 위하여 지역공동체는 경작자가 그의 권리를 상실한 이후에 일정기간의 휴경기(休耕期)를 정해 놓는다. 시베리아에서 이 기간은 3년에서 20년까지 다양하다. 처음에는 장기간이었는데 인구가 증가함에 따라서 점차 그 기간은 단축되었다.[50] 자바(Java)에서도 마찬가지 유사한 사례가 있음을 확인한 바 있다.[51] 그리고 마침내 이 단계의 휴경까지도 폐지하고, 토지가 일단 휴경을 거치고 나면 그 소유권은 소멸한 것으로 되어 종료해버리고 만다.

유사한 규제는 옛날의 독일과 덴마크의 촌락에도 존재하였다. 마우러(Maurer)는 "자유점유(自由占有; the free occupation)의 권리는 제한을 받는다. 일정 기간의 휴경기를 거쳐 방치되어 있던 경작지는 다시 '공동농지(Mark)'로 취급된다"[52]고 말하였다.

4) 노동력이 부가된 목초지에 대한 권리제한의 배제

노동이 투여되어 천유된 목초지에서는 이러한 종류의 제한을 찾아볼 수 없다.[53] 그 이유는 원시적 농업제도(原始的 農業制度)에서의 경작지는 일정한 기간 동안만 경작을 한 뒤 그 다음에는 휴경상태로 됨에 반하여, 목초지는 연속해서 계속적으로 사용되기 때문에 그 노력을 중단시키고 소유권을 소멸시킬 기회가

---

50) Kachorowski, p.124.

51) *Eindresumé*, I. p.65.

52) 마크랜드(Markland) ; 공동농지로서 점유가 자유롭게 되어 있던 토지(Maurer, *Markenverfassung*, p.171). 덴마크(Denmark)에서의 유사한 규정에 대하여는 Haff., s. c., I. pp.165, 170 참조.

53) 이에 관하여는 예외가 있다. 어느 지방에서는 목초지의 주인은 그 토지의 목초를 베지 않으면, 그 소유권(所有權)을 잃게 된다(Kaufman, pp.133, 319).
우리는 이 규칙에서는 노동이 목초지에 투여되었는지의 여부를 알 수 없다.

없기 때문이다.54)

이와 같이 목초지는 보통 무제한적 재산권이었다가 어느 사람으로부터 다른 사람에게로 토지를 직접 이전하는 사회적 권리를 특징으로 하는 제2단계로 옮겨간다.55)

5) 천유된 경작지 및 주택지의 매각 제한

제1단계 균분시대(均分時代; the first period of equalization)의 경작지에 관하여는, 토지를 매각(賣却), 증여(贈與), 유증(遺贈)하는 개인의 권리는 지역공동체의 통제하에 놓여 있다.56) 유사한 제한은 주택지로 점유되었던 토지에 관하여도 행하여졌다.57)

경작지의 소유권을 가경지(可耕地; the soil)의 경작에 의존하게 하는 관리방법은 인구의 증가와 함께 크나큰 불이익을 초래하게 되고, 휴경기는 점점 더 짧아지게 되며, 마침내 토지는 계속적으로 경작되고 완전히 피폐한 상태로 끝을 맺고 만다. 또한 계속적 경작은 토지를 가지고 있지 못한 사람으로 하여금 경작되지 않는 토지를 점유할 수 있는 권리를 이용할 수 없게 만들기도 한다. 마지막으로 부자(富者)의 경제적 우월성은 그들로 하여금 가장 좋은 가경지(可耕地)의 많은 면적을 소유할 수 있게 해 주면서 아무런 제한을 가하지도 않는다.58) 이에 대하여는 코사크족(the Cossacks) 사이에 몇 가지 안 되는 예외가 있을 따름이다.59)

---

54) Kaufman, p.319.

55) Kaufman, *Sib. Com.,* pp.92, 93.

56) Kachorowski, pp.138, 140.

57) Kaufman, p.294 ; Krol, pp.113-6, 123, 124 ; T. and T., p.4. 우리는 이 제한규칙이 어느 범위에 걸쳐서 목초지(牧草地; meadows)에도 적용되었는지를 알 수는 없다.

58) Kaufman, p.307 ; Dubienskij, pp.163, 164, 189-90 ; *West Sib.,* XVIII. 228.

(2) 목초지 및 경작지의 분할

이러한 상황의 지역공동체는 좀더 구체화된 사회적 제한규정을 만들어 내지 않으면 안 된다. 지역공동체는 너무 많이 가지고 있는 사람들로부터 토지를 환수하여 넉넉한 토지를 갖지 못한 사람들에게 분배해주어야 한다. 이 과정의 여러 형태는 목초지나 경작지의 경우에도 마찬가지다.

1) 상속인이 없는 토지의 경우

우선 지역공동체는 상속인이 없어서 남게 된 토지를 가난한 사람들에게 나누어준다. 키르기스인(the Kirgizes) 사이에서는 그러한 목초지는 "공유재산(共有財産)으로 되고, 그 아버지로부터 아무런 목초지도 물려받지 못한 가족들에게 분배해 주게 되어 있다."[60] 부랴트인들(the Buriats) 사이에서도 똑같은 일이 행하여진다. 크롤(Krol)은 "상속인이 없이 남겨진 목초지는 아무나 무상(無償)으로 점유할 수 있는 것이 아니라 지역공동체에 의하여 처분되는데, 이때 지역공동체는 목초지가 절실히 필요한 사람들에게 분배한다.[61] 어떤 경우에는 상속인이 그에 관한 세금을 내지 않으려고 자기가 상속해야 할 토지를 상속받지 않는 경우도 있다. 그러한 토지도 지역공동체에 의하여 분배된다"고 한다.[62]

---

59) 코사크족(Cossacks)은 하나의 쟁기만을 사용하도록 함으로써 부자(富者)의 유리한 점을 제한하려고 하였다(Kachorowski, p.127 ; Kaufman, p.315). 여기에서는 쟁기질을 시작할 수 있는 날을 정하고 있는 규정도 찾아볼 수 있다(Shcherbina, p.110). 이와 같이 균등화시키려고 하는 규칙(規則)은 시베리아 어디에도 찾아볼 수 없다.

60) Kirg., XI. p.36 ; *Ibid.*, VII. p.21.

61) Krol, p.30.

62) *Ibid.*, p.31.

시베리아의 러시아계 농민(the Russian peasants) 사이에서는 상속인이 없어서 남겨진 토지 중 목초지나 경지는 토지가 없는 사람들에게 나누어준다. 이러한 분배법(分配法; the method of allotment)은 상당히 편리한 것이다. 즉 이 방법을 통하여 지역공동체는 토지의 측량이나 가치평가와 관련된 어려움에서 벗어날 수 있고, 또한 이 제도는 과거의 소유자에게 이익이 많았는지의 유무에 대해 별다른 영향을 받지 않고 그대로 지속된다. 그렇지만 이 방법은 토지를 필요로 하는 사람의 수가 적을 때에만 시행이 가능하다. 즉 토지를 원하는 사람이 증가하게 되면, 상속인 없이 남겨진 토지의 양은 도저히 그들의 요구를 만족시켜줄 만큼 충분하지 못하게 되고, 그렇게 되면 지역공동체는 그 당시의 토지를 소유한 자들로부터 토지를 환수하지 않으면 안 된다.

2) 사회적 의무이행과 토지소유와의 관계

가장 우선적인 영향을 받게 되는 자는 세금을 내지 않고 있는 사람들이다. 자기들의 사회적 의무를 이행하지 않는 사람들로부터 그들의 재산의 일부를 빼앗는 것은 정당한 것으로 생각되었다.[63]

3) 모든 토지에 대한 일괄적 적용

그렇지만 이 제도도 계속적인 인구의 증가로 가난한 사람에게 토지를 나누어주기에 부족하게 되었을 때, 지역공동체는 세금을 지불한 사람과 지불하지 않은 사람간의 이 차별을 없애버린다. 많은 토지를 가지고 있는 사람은 누구나 그 일부를 빼앗기게 되고 만다.[64]

---

63) 러시아의 농민들에 관해서는 Kachorowski, p.131 ; 부랴트인에 대해서는 Krol, p.31 참조.

　　일반적으로 시베리아의 러시아계 농민 사이에서는 모든 사람이 발의권(發議權; the initiative)을 가지고 있으며, 지역공동체는 토지를 필요로 하는 경작자가 어느 부분을 바라는지, 현재의 지주는 왜 사용하지 못하는가를 설명하고 분배신청을 기다리는 것이 보통이다. 현재의 소유자가 자기도 충분한 토지를 가지고 있지 못하며, 토지를 원하는 사람의 신청이 진실이 아니라는 것 등을 입증하려고 하는 것은 너무나도 당연하다. 두 당사자의 설명을 들어 보고 난 다음에, 지역공동체는 판정을 내리고, 최종적으로 토지가 필요한 경작자에게 이를 분배한다.[65]

　　이와 같은 분배방법은 점점 더 빈번하게 활용된다. 처음에는 확실한 기준이 없이 가장 두드러진 불평등만을 없애기 위하여 실시하였는데, 나중에는 다른 사람도 구제하고, 결국에는 전체의 사람들이 다소의 정도 차이는 있지만 균등한 규모의 토지를 분배받도록 하여 토지를 갖게 되는 방법이다.[66]

　　가난한 사람들에게 토지를 분배하는 이 방법은 반유목민(半遊牧民) 사이에도 존재한다. 만일 어느 키르기스인이 그의 아버지로부터 승계한 목초지가 얼마 되지 않는 경우에는, 부락회(部落會; the assembly)는 토지를 충분히 갖고 있는 사람으로부터 환수한 목초지를 그에게 분배해준다.[67] 부랴트인(the Buriats)은 그들의 정책상 러시아계 농민이나 키르기스인 등과 같은 원칙, 즉 가장 부족함을 느끼고 살아가는 사람에게 토지를 갖게 해주어야 한다는 점에 맞추어 토지를 나누어주고 있다. 지금까지 살펴본 바와 같이 이러한 방법은 아주 빈번히 행해진다.[68] 농업이 덜 발달한

---

64) Kachorowski, p.136.
65) Kaufman, p.309.
66) *Ibid.,* and T. and T., p.42.
67) Kirg., Ⅸ. p.22 ; Kaufman, pp.134, 135.

시기에, 또한 경작에 적합한 토지가 충분하지 않다는 단순한 이유로 인하여 반유목민 사이에서는 경작지의 분할도 이루어지고 있는데, 이것은 특별한 예외의 경우이다.

4) 주택지의 분할

주택지로 점유되어 있는 토지도 분할을 면할 수 없다. 간혹 지역공동체는 할당이 일정한 규범[1~2 디쟈틴(desiatinas)]을 위반하여서는 안 된다는 사항을 제정한 바도 있다.[69]

유러시아(European Russia)에서는 이 방법 이외에도 다른 균등법(均等法)이 존재하고 있음을 찾아볼 수 있다. 다른 사람보다 넓은 주택지(住宅地; homestead)를 소유하는 농부는 상대적으로 작은 면적의 경작지를 점유하거나 아니면 특별세(特別稅; a special tax)를 내야 하는 것으로 되어 있다.[70]

(3) 주기적 분할

분할(分割; allotments)에 의하여 불평등이 없어지고 난 다음에는, 지역공동체는 각각의 사람으로부터 균등하게 인상하여 공급책을 마련하거나 새로운 구성원에게서 지원해주면 그만이다.[71] 몇 년마다 주기적으로 실시되는 토지의 재분할(再分割; re-division)은 이러한 목적을 달성하고, 끊임없이 변동하는 사람에게 균등하게 할당하는 데 가장 간단한 방법으로 이용되어 왔다.[72]

---

68) Krol, pp.32-37.

69) Kachorowski, p.180 ; Krol, pp.115, 116, 123 ; T. and T., p.84.

70) W. W., p.490.

71) 어느 한 사람으로부터 토지를 환수함으로써, 지역공동체(地域共同體; the community)는 현재의 균분화를 방해받는다.

이전 단계의 균분형식을 거쳐 온 지역의 목초지나 경작지뿐만 아니라 소유자가 없는 목초지나 삼림처럼 균분법(均分法)이 예방정책(豫防政策; a preventive policy)과 밀접한 관계를 갖고 있는 곳도 주기적으로 분할된다.

이 마지막 단계의 토지균분제(土地均分制; the equalization of land) 즉 주기적 재분할(週期的 再分割; the periodical re-distribution)은 방목장(放牧場; pastureland) 및 주택지(住宅地; the homestead land)로 자리 잡은 토지에 대해서는 실시되지 않았다. 이 주기적 재분할이라는 것은 매우 불편한 과정을 거쳐야 하기 때문에 방목장에서는 행하여지지 못했던 것이다.

모든 촌락의 가축들이 함께 모이면 모든 가정에서는 그들의 목동(牧童; herdsman)이 있어야 하는데, 몇몇 소년들만으로도 충분하였다.[73]

지역공동사회는 각 세대가 공동방목장에서 사육할 수 있는 가축의 숫자를 제한함으로써, 토지분할이라는 방법에 의하지 않더라도 여러 가지 불평등을 없앨 수 있다. 왜 주택지가 주기적으로 분할되지 않는지의 이유는 다음에 검토하기로 한다.

분할(分割)의 방법은 똑같지 않고, 목초지, 삼림, 그리고 경작지 뿐 아니라 곳에 따라 그 방법이 각각 다르다.

단순히 재산발달의 근본원칙을 밝혀보고자 하는 이 책에서는 이들의 차이를 자세히 설명할 수는 없고, 다만 이에 관하여 독자들에게 제시하고 싶은 두 가지가 있다.

1. 어째서 촌락공동체에서는 경작지의 규모가 큰 지역에서 분할이 이루어지지 않고, 산재(散在)해 있는 외진 땅에서 분할이

---

72) 인구(人口; the population)가 변동 없이 그대로라면 주기적 분할을 되풀이할 필요가 없을 것이다.

73) Utz., s. c., p.47.

일어나는지를 우리는 검토하려고 한다.

2. 필자는 촌락공동체가 토지를 분할할 때, 집약적 농업을 하는 모든 사람의 이익을 해하지 않도록 분할하려 하였음을 밝히려 한다.

1) 산포제의 발생원인

경작지(耕作地; the arable lands)를 처음에는 들판으로, 나중에는 긴 선상(線狀; long strips)에 따라 분할하는 관례가 독일(Germany), 잉글랜드(England), 스코틀랜드(Scotland) 및 웨일즈(Wales)에 있었고, 오늘날까지도 그 흔적이 남아 있다. 이와 같은 제도, 즉 개방경지제(開放耕地制; the open-field)는 오늘날 러시아, 자바, 인도 등지의 촌락공동체(村落共同體)의 특징이라 할 수 있다.

오늘날의 관점으로 판단하면, 이렇게 특별히 산발적으로 산재된 소유권은 무엇보다도 비경제적인 것이며, 한쪽에서 다른 쪽으로 가는 데 상당한 낭비를 초래하는 것이다.

그러나 이 제도도 나름대로의 장점을 지니고 있다. 이 제도의 장점은 조방농법(粗放農法; the extensive agriculture)이 행하여지는 단점을 충분히 보상해 주고 있다. 우리는 이러한 사실을 시베리아에서 아주 확실하게 찾아볼 수 있다.

이 제도가 발생한 주된 원인은 토지의 질이 매우 다르다는 데에 있다. 최초의 이주자(移住者; the settler)가 무주(無主)의 토지를 점유하려고 할 때, 여기저기 흩어져 있는 토지들 중에 주인 없는 토지를 소유하였다. 왜 그렇게 할 수밖에 없었는가 하면, 경작의 모든 요구를 만족시키고, 같은 정도로 많은 양의 귀리, 봄보리, 밀, 호밀의 수확을 하기 위한 다양한 경작의 요건을 충족시켜 주면서 그대로 연결된 토지를 발견하기 어려웠기 때문이다. 때로는 질 좋은 토지 사이에 경작하기 곤란한 황폐한 토지가 섞여 있는 경우도 있다. 마지막으로 한 사람이 경작할 토지를 한 곳으로 집중하는 것은 그 토지에 존재하는 기후상 특수한 사항이 한꺼번에 드러남으로써 약간의 위험이 따를 수도 있다. 이러한 사정에 대해 리흐코프(Lichkow)는 "간단하게 말하면, 아주 많은 경제적 조건이 얽혀 있기 때문에, 경작자는 어느 한 장소에서 경작을 위한 토지를 갖고자 하더라도, 실제에 있어서는 필연적으로 불가피하게 산재된 토지를 소유하게 된다"라고 하면서 여러 가지 사실관계를 들어 결론적으로 말하고 있다.[74] 일본에서 존재하는 산포제(散圃制; the scattered field system)의 우월성을 입증하기 위하여 이와 똑같은 이유가 거론되는 것은 매우 주목할 만한 일이다.[75]

토지의 분할에 있어서 지역공동체(地域共同體; the community)는 그 필요성을 고려한다. 분배(分配; the allotments) 및 주기적 분할(週期的 分割; the periodical divisions)은 여러 구획의 토지에 걸쳐서 행하여진다.

어느 코사크 지역공동체는 이 법칙을 준수하지 못하고, 각 구성원이 한 곳에서 소유하도록 토지를 분배하기도 하였다. 이 방법을 취한 결과 어떤 사람은 좋은 땅만을 차지하게 되기도 하였고, 어떤 사람은 아주 나쁜 땅만을 갖게 되기도 하였다. 이로 인해 발생한 불이익은 아주 컸기 때문에 6년 후에는 토지를 그 양질(良質)에 따라서 분할하도록 하는 산재적 소유권체제(散在的 所有權體制; the system of scattered ownership)가 채용되었다.[76]

---

74) Lichkow, pp.131, 132. 유러시아에 대해서는 W. W., pp.399-400 참조.

75) D. B. Simmons, "Land Tenure in Old Japan." *Transactions of the Asiatic Society of Japan*, 1891, Vol. XIX. p.72.

76) Shcherbina, p.101.

2) 토질에 따른 분할

초기의 이러한 분할은 조방농법(廣域農法; the extensive cultivation) 아래에서는 서너 가지 정도를 넘지 않을 정도로 서로 다른 토질의 땅을 갖도록 나누었기 때문에 비교적 간단한 것이었다.[77] 토지에 거름을 줌으로써 사정은 다르게 되고, 경지의 거리는 그 양질(良質)과 마찬가지로 아주 중요하게 된다. 사람들은 적어도 촌락 근처에 그들의 토지를 가져야만 했기 때문에, 지역 공동체는 토지를 분할함에 있어서 거리와 토질이라는 두 요소를 고려하지 않으면 안 되었다. 이러한 사정으로 토지의 종류는 늘어났으며, 일반적으로 삼포제(三圃制; the three-field)에서는 6~15종, 이포제(二圃制; the two-field)에서는 4~10종으로 그 종류가 많아졌다.[78]

여기에서 필자는 두 지도를 통해서 거름을 주는 것이 촌락 공동체의 형태에 어떠한 영향을 미치는가에 대하여 다시 충분히 설명하려고 한다.[79] 남부 러시아(South Russia)는 원래부터 토지가 비옥하여("黑土; chernosem") 거름주는 것이 그다지 발달하지 않았고, 따라서 토지는 북부에서와 같이 산발적으로 산재되어 있지 않았다.

3) 강제경작

통상적으로 삼포제(三圃制; the three-field system), 사포제(四圃制; the four-field system)가 지나고 난 후에야 비로소 지역공동체

---

77) Krol, pp.207, 208 ; *West Sib.*, V. pp.164-167 ; Kaufman, pp.349, 350 ; T. and T., pp.44, 45.

78) Kaufman, p.350 ; T. and T., pp.43-46 ; *West Sib.*, Ⅷ. p.64.

79) 남부 러시아 초원의 촌락공동체는 모든 농부들이 둘이나 셋으로 나눈 그 자신만의 가경지를 얻을 수 있었다(W. W. p.400).

지도 Ⅲ

북부 러시아(North Russia)의
프스코프주(the Government of Pskow)의
노보셀록(Novoselok) 마을

검정색 선은 한 농부에게 분배되었던 토지를
나타내는 것이다.

▨ 주택지(住宅地)
▨ 경작지(耕作地)
▢ 목초지(牧草地)
▨ 삼림(森林)
▨ 도로(道路)
▨ 호수(湖水)
▨ 습지(濕地)

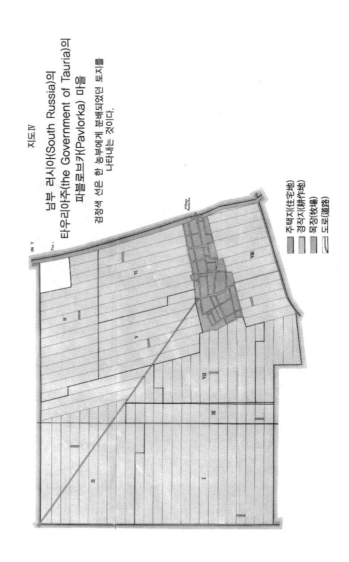

지도 IV

남부 러시아(South Russia)의
타우리아주(the Government of Tauria)의
파블로브카(Pavlorka) 마을

검정색 선은 한 농부에게 분배되었던 토지를
나타내는 것이다.

■ 주택지(住宅地)
□ 경작지(耕作地)
▨ 목장(牧場)
▭ 도로(道路)

◀ 이 두 지도는 분할의 형식에 대한 가경지(可耕地; the soil)의 영향을 보여주는 것이다(90면 참조). 노보셀록 마을(the village of Novoselok)에서는 목초지와 경작지는 각 세대주(世帶主; householder)에게 100스트립(strip)씩 분배되었다. 이와 유사한 현상은 거름을 매우 잘 주는 북부 러시아에서도 찾아볼 수 있다. 경작지를 8스트립밖에 분배받지 못하는 파블로브카 마을은 비옥한 남부 러시아에서 행해지는 전형적인 예일 따름이다.

[이 두 지도는 농무부년보(農務部年報; the Report of the Ministry of Agriculture)에서 인용한 것이다: *Zemlevladenie*, 1907-1910. St. Petersburg. 1911].

는 경작의 규제를 시작한다. 그리고 각 경작지의 지주는 다른 경지에서 토지강제의 법칙(the rules of flurzwang)에 따라서 동시에 파종하여 끝내며, 또 같은 시기에 씨앗을 뿌리고, 동시에 풀어놓아 한꺼번에 방목할 수 있게 하였다.80) 이와 같이 오랫동안 천천히 발전한 촌락공동체는 그 마지막 단계에 이르게 되었다.

4) 주기적 토지분할에 따른 불이익 회피를 위한 대책

토지의 분할에 있어서 토지에 투하된 노동력이 인정되었고, 그 기간은 가경지를 경작하는 개인의 이익을 해하지 않도록 되었다. 이러한 까닭으로 시베리아81) 및 유러시아82)에서 경작지는 목초지보다도 오랜 동안 같은 사람의 수중에 남아 있게 된다. 이것은 옛날 영국의 촌락공동체에서도 마찬가지였다.83)

똑같은 구별이 다른 종류의 경작지나 목초지에서도 행하여진다. 즉 개척된 경지는 40년 후에, 그 밖의 것들은 20년 후에 재분할되었던 것이다.84) 러시아의 남부지방에서 재분할의 기간은 6년이고, 거름을 쳐야 하는 북부지방의 경우 그 기간이 20년까지 연장된다.85)

강가에 있는 목초지는 분할기간이 다소 짧고, 삼림 중에 있는 목초지는 잡초가 무성하지 않도록 가꾸기 위하여 많은 노력과 주의를 필요로 하기 때문에 그 기간이 길었다.86) 거름을 주는 목초지에서도 마찬가지다.87)

---

80) Kaufman, p.349 ; *West Sib.*, V. p.189 ; XIII. p.69, etc
81) Kaufman, p.358.
82) W. W., pp.460, 461.
83) E. Nasse, *Über die mittelalterliche Feldgemeinschaft in England*, p.10.
84) Lichkow, pp.207, 208.
85) W. W., p.410.
86) *West Sib.*, XIII, p.105.

5. 토지에 대한 공동재산의 발생시기가 다른 이유

공동재산(共同財産; the common property)에 대한 점진적인 발달은, 앞에서도 말했듯이, 다음과 같은 두 가지 이유에서 목초지, 경지, 방목장과 그 발달과정을 달리한다.

1. 균등화의 필요성이 모든 가경지에서 동시에 느껴지지 않는 점.

2. 개인재산(個人財産; the individual property)을 폐지하는 어려움이 각각의 경우에 똑같지 않은 점.

(1) 균분화 필요의 차이점

우리가 살펴보았듯이, 지역공동체(地域共同體)의 제재는 토지가 충분하지 못할 경우에만 나름대로의 의미가 있는 것이다. 목초지, 경작지, 삼림 기타의 다른 경우도, 각각의 특질을 달리하여 존재하고, 그에 관한 인간의 욕망도 그 정도가 똑같지 않기 때문에, 앞에 말한 두 가지가 동시에 생겨나지 않으리라는 것은 분명하다.

1) 경작지보다 목초지의 공동재산형성이 우선

목초지의 분할은 보통 경작지의 분할보다 훨씬 이전에 생겨났던 것으로 보인다. 왜냐하면 목초지에 대한 부족이 경작지의 부족보다 빨리 느껴지기 때문이다. 일정한 장소에 머물러 살기 시작한 유목민(遊牧民) 사이에서 농업은 그다지 중요한 역할을 담당하지 못하였다. 따라서 그들 사이에서 농업용 토지는 필요 이

---

87) W. W., p.461.

상으로 남아돌았다. 반면 건초(乾草)는 많이 있으면 있을수록 좋은 것이었고, 그런가 하면 현재 목초지는 모든 사람의 욕망을 만족시켜주는 데 충분하지 못하였다.[88]

경작을 부업(副業; a secondary occupation)으로 생각하는 시베리아의 러시아계 농민들 사이에서도 같은 방식이 통용된다. 크롤(Krol)은 "트랜스-바이칼(Trans-Baikal)지방에서는 전업(專業)이라고 할 수 있을 만큼 중요한 역할을 하는 가축사육은 농업보다도 훨씬 더 넓은 토지면적을 필요로 한다. 그렇기 때문에 목초지의 소유자는 농부보다 좀더 빨리 토지의 부족에 대한 압박을 느끼게 된다"라고 한다.[89]

카우프만(Kaufman)도 비슷한 상황에 대하여 이야기하였는데, "목초지에 대한 부족이 어느 곳에서나 경지의 부족보다도 먼저 느껴지는 것은 가축사육이 더 발달해 있기 때문이다"라고 한다.[90]

어째서 목초지의 경우에 지역공동체의 제재가 경작지의 경우보다 먼저 생겨났는지에 대한 설명과 그러한 이유로 해서 왜 모든 경지나 목초지의 분할이 동시에 일어나지 않았는지의 설명을 뒷받침해 준다.

2) 토지의 가치등가에 따른 차이

i) 목초지의 경우

시베리아에서의 균등화는 삼림에 있는 목초지에서보다도 물가에 가까이 있는 목초지에서 훨씬 더 발달하였다. 왜냐하면 물가에 있는 땅이 좀더 비옥하기 때문에 그 땅을 차지하고자 하는

---

88) Kaufman, p.124.
89) Krol, p.194.
90) Kaufman, p.286 ; T. and T., pp.36, 37.

사람들도 많았고, 그 결과 상대적인 부족이 발생했기 때문이다.91) 그러므로 예를 들어 목초지가 매우 풍부한 톰스크(Tomsk) 지방과 마리이스크(Mariisk) 지방에서는 물의 수급이 충분한 목초지에서는 분할이 이루어지고 있었음에 반하여 다른 쪽 건조한 목초지 쪽에서는 자유점유(自由占有; free occupation)가 행하여지고 있었다.92) 이와 비슷한 구별은 코사크족93)이나 유러시아의 농민 사이에서도 찾아볼 수 있다.94)

시베리아에서 질 좋은 경작지는 분할됨에도 불구하고, 척박한 토지는 간혹 자유점유를 할 수 있도록 인정하는 예가 있다.95) 대체로 수요가 많지 않은 마을로부터 떨어져 있는 토지도 개인의 소유로 허용되고, 다만 마을에서 가까이 있는 토지만을 지역 공동체가 분배한다.96)

ii) 경작지의 경우

옛날 독일에서도 토질(土質) 및 위치(位置)에 의한 토지의 구별이 있었음을 알 수 있다. 마우러(Maurer)는 "마을 소유인 공유농지로서 일반적으로 경작에 적절하고 마을에 가까운 곳은 지역 공동체의 구성원끼리 분배해 나눠 가지며, 경작에 적절하지 않거나 또는 거리가 먼 곳은 분배되지 않은 채 그대로 남게 된다"라고 한다.97) 스웨덴에서도 같은 내용의 사례를 찾아볼 수 있다.98)

---

91) T. and T., p.37 ; *West Sib.,* ⅩⅧ. p.240.
92) T. and T., p.58.
93) Harusin, p.42.
94) W. W., pp.8-9.
95) *West Sib.,* Ⅴ. p.136 ; T. and T., p.37 ; Kaufman, p.313.
96) *West Sib.,* ⅩⅧ. p.228 ; T. and T., p.37.
97) Maurer, *Geschichte der Dorfverfassung,* pp.33, 34 ; *Idem,* p.40.
98) "이와 관련하여 중세의 스위스 법에서는 촌락 안에서 소유하기 위하여

98

유러시아에서의 최초의 분할은 촌락에서 가까운 경지에서만 이루어졌다. 먼 거리에 있는 경지에서는 자유점유의 권리가 오랫동안 존재한 다음 점차적으로 폐지되었다.[99]

(2) 공동재산제 발달의 저해원인

1) 노동량의 차이

촌락공동체의 발달이 모든 토지에 관하여 똑같지 않았음을 설명해 주는 두 번째의 이유는 그 과정 중에 부딪치게 되는 여러 가지 곤란한 문제가 있기 때문이다. 소유주가 가경지(可耕地)에 많은 노력을 들였으면 그만큼, 그는 지역공동체의 제재가 어떠한 것이든지 아주 강력하게 저항한다.[100] 이 노력을 나름대로 고려하는 것은 이전의 소유자와 지역공동체 양자 모두를 위해 도움이 된다. 토지의 무차별적 분할에 의하여 지역공동체는 집약경작(集約耕作; intensive cultivation)과 삼림개척(森林開拓; clearing of forests)을 하지 못하게 하는 경우도 있다. 그도 그럴 것이 몇 년 후에 재분할에 의하여 자기의 토지를 빼앗길지도 모르리라는 것을 안다고 할지라도, 그때에 단순히 보수를 받고 굳이 힘든 노력을 쏟아야 하는 일을 하려고 하지 않기 때문이다. 이렇게 되면 지역공동체 전체의 부(富; the wealth)는 줄어들고, 모든 사람들이 어려움을 겪게 될 것이다. 이러한 까닭에 촌락의 지역공동체의 경제정책(經濟政策; the economic policy)에 관한 지도적 원칙은 노력을 투여한 만큼 각 사람의 권리를 존중해 주는 것이다.

울타리를 치는 것(Einfangen zu Individualeigentum)을 허용하지 않았다"
(Haff. s. c., Ⅰ., 166).
99) Kaufman, p.315 ; W. W., p.13.
100) Kaufman, p.339.

2) 목초지와 가경지에 따른 차이

우리는 이미 재분할의 기간은 토지에 부가한 노동력의 정도에 따라서 달라지게 된다는 점을 보았다(94면 참조). 이제는 이 원칙이 공유재산(共有財産)의 발달에 어느 정도 영향을 미쳤는지를 밝혀 보고자 한다. 목초지는 일반적으로 경작지보다 먼저 분할되는데 그것은 단지 목초지가 더 부족하게 되기 때문만은 아니다. 크롤(Krol)은 "트랜스-바이칼(Trans-Baikal) 지방에서는 그 연안에 흩어져 있는 목초지를 이전에 노력을 부가하지 않았다 하더라도 사용할 수 있다. 그렇기 때문에 수확을 할만한 경작지는 존재하지 않으므로 토지를 경작하고 삼림을 개척하는데는 많은 노력을 필요로 한다"라고 한다.101) 그래서 목초지에서는 기존의 소유자가 그 소유지와 전혀 관계가 없어지게 된 다음, 일찍부터 주기적 분할이 그다지 어렵지 않게 행하여졌다. 경작지에서는 한참 후에야 이러한 방식으로 분할하게 되었으며, 그때에도 지역공동체는 옛날 소유자에게 이전에 경작하였던 토지의 일부를 주는 방법으로 토지를 분할하고 있었다.102) 옛날 정주자와 새로운 정주자 간의 이러한 차별이 없어지게 된 것은 토지의 부족이 한층 더 심하게 느껴진 좀더 후기의 일이다.103)

6. 개간된 경지와 목초지의 분할

토지에 부가된 노동력의 양에 따른 이와 같은 구별은 다른

---

101) Krol, p.194.

102) *Ibid.,* p.207 ; T. and T., pp.45, 46 ; Lichkow, pp.214, 215 ; *West Sib.,* V. p.209.

103) Krol, p.177 ; Kaufman, p.342 *et seq.*

종류의 목초지나 경작지에도 존재한다. 크롤(Krol)은 부랴트인들 (the Buriats)에 관하여 "그들은 어느 곳이든지 거름을 주는데, 목초지마다 아주 많은 노동력을 필요로 하기 때문에 아주 오랫동안 소유자가 그 목초지를 차지하고 지내게 되며, 자연적인 목초지보다도 훨씬 이후에야 분할되고, 그것도 그 부족이 아주 강하게 느껴지는 경우에 한하여 인정된다"라고 한다.104)

시베리아의 농민에 관하여 크롤은 "무엇보다도 아무런 노력을 부가하지 않은 채 자연 그대로 목초지인 곳이 먼저 분할되고, 그리고 난 다음에 관개시설을 갖추고, 거름을 치면서 개척된 목초지가 분할된다"고 한다.105) 부랴트인들 사이에서는 개척된 경작지를 소유하는 권리가 제한되어 있지 않다. 미리 준비한 사람이라 하더라도 그대로 분할을 받게 되어 있다.106) 똑같은 현상을 코사크인들(the Cossacks),107) 아르메니아인들(Armenians),108) 북부러시아(North Russia),109) 시베리아(Siberia),110) 트랜스코카시아(Transcaucasia)111)의 농민들 사이에서도 찾아볼 수 있다. 자바(Java)의 많은 촌락지역공동체에서는 주기적으로 경지를 분할하는데, 개척된 토지는 그대로 세습적 사유재산(世襲的 私有財産; individual hereditary property)으로 인정한다.112)

---

104) Krol, pp.42, 64.

105) Krol, p.196.

106) *Ibid.,* p.80.

107) *Ibid.,* p.158.

108) Segal, p.56.

109) Efimenko, p.143.

110) Krol, p.196; *West Sib.,* XⅧ. p.248 ; Lichkow, p.235.

111) Transcaucasia, Vol. Ⅲ., Pt. Ⅱ. p.18.

112) *Eindresumé,* s. c., Vol. Ⅱ. p.64.

7. 주택지에 대한 계속적인 개인재산성 인정

앞에서 서술한 바와 같이, 주택지(가옥, 정원, 과수원, 농장의 별채)는 주기적으로 분할되지 않는다. 그 이유는 주택지에 대해서는 부가해야 하는 노력과 그 유지를 위하여 필요로 하는 노력이 너무나 많기 때문에 어느 누구도 그가 주택지를 점유·보유할 수 있다고 자신하지 않는 한, 주택지를 취득하려는 데 관심을 갖지 않는다는 점에 있다.113) 이와 같은 토지의 주기적 재분배는 계속적 생활을 위한 가옥의 재건축, 과수재배, 정원조성 등을 불가능하게 만들 수도 있고, 따라서 유러시아,114) 시베리아115) 및 자바116)에서 주택지가 세습적 사유재산인 것은 옛날의 독일 및 영국의 촌락공동체에서와 마찬가지다. "가(家)와 인접한 농장에 관하여" 비노그라도프(Vinogradoff)는 "가옥주(家屋主; the householder)는 언뜻 보아서는 오늘날의 자유보유부동산(自由保有不動産)이 기초하고 있는 것과 같이 보이는 사유재산권(私有財産權; a private own-ership)을 가지고 있다. 이미 옛날 영국의 최하급의 자유민이었던 '씨올(the ceorl)'에 관하여는 영국인의 가(家)는 그의 성(城)이라고 말한 것에 비추어 볼 때 아주 적절한 표현이라고 할 수 있다. 각 사람의 '에도르(edor)' 즉 그 사람의 울타리(hedge)는 왕이나 호족(豪族)의 자치지역과 마찬가지로 보호되었다"라고 한다.117)

---

113) Kachorowski, p.180 ; Krol, pp.115, 116 ; T. and T., p.84 ; W. W., pp.478, 489, 490.

114) Laveleye, De la propriété, 5th ed., p.11.

115) Kachorowski, p.181 et seq. ; Krol, p.113 ; T. and T., p.89.

116) Laveleye, s. c., p.44 ; Eindresumé, Ⅰ. p.141 et seq.

117) Vinogradoff, s. c., p.183.

　공산주의적　제도(共産主義的　制度;　communistic institutions)의 사막 중에 남아 있는 이 개인주의의 오아시스(oasis) 가운데서 경작자는 어느 누구의 제한도 받지 않는다. 그의 주택지 내에서는 그는 유일무이한 주인(主人)이고, 그리고 개인적인 주도권(主導權)이 아무 제한 없이 통용된다. 여기에서 그는 개혁을 시도할 수 있으며, 여러 가지 실험을 해 볼 수도 있고, 과일나무, 담배, 감자 또는 자기가 좋아하는 어느 것이거나 심을 수 있다.118)

8. 일상적 필요에 의한 촌락공동체의 발달

　이와 같은 것은 아주 개략적으로 본 촌락공동체의 발달사(發達史)이다. 어느 학설의 일정한 가설에 따라서 어떻든 일정한 이상주의적인 원칙이 그 발달을 이끌어가려고 하지 않았더라도 일상생활의 필요성이 이 원시적인 경제정책의 길을 결정하였을 것이다. 지난날의 질서에 만족하지 않는 사람들의 증가와 함께 이를 폐지하려는 방책이 훨씬 더 급진화된다. 자유방임정책(自由放任政策; a laissez-faire policy)으로부터 발달된 사회통제체제(社會統制體制; system of social intervention)로의 변이(變移; a transition)를 특징으로 하는 이 전개의 향방은 모든 토지에 똑같이 적용되지는 않는다. 재산의 균분화(均分化; equalization)를 필요로 하는 정도에 따라서, 그리고 이러한 정책이 부딪치게 되는 곤란의 정도에 따라서, 이 전개가 각각 시점을 달리하여 나타나고 또한 진행된다.

---

118) Kachorowski, p.184.

제4장

결 론

1. 소유권발달의 4요소

이 책의 서론에서 필자는 소유권의 전반적인 발전을 다음의 4요소를 거슬러 올라가 봄으로써 추적할 수 있음을 말한 바 있다.

1. 경제적 법칙
2. 다수력(多數力)의 법칙
3. 인구의 증가
4. 인간의 욕망과 자연의 관계

이제 이러한 주장의 타당성 여부를 검증해 보고자 한다.

(1) 경제원칙

경제법칙(經濟法則; the economic principle), 즉 사람은 가능한 한 많은 양의 물질─그의 욕망을 최소한의 노력으로 충족시켜 줄 수 있는 재화(財貨)─을 얻으려고 노력한다는 가설(假設)은 명료하게 살펴볼 수 있었다.

이 법칙에 의해서 재산형성(財産形成; the formation of prop-erty)의 과정에서 사람은 어떤 물건이 없으면 더 많은 손실을 입을 위험에 처하게 되는 때에만 소유하기 위한 노력을 하게 된다는 것을 밝혔다.

사람이 사용하다 버리는 방목장을 대신하여, 이와 동등한 양질의 방목장을 확보하는 데 아무런 어려움을 겪지 않는다고 생각하는 유목민(遊牧民; the nomad)은 토지의 소유제도(所有制度; the institution of property)를 알지 못했다. 초기에 방목장이 충분히 있었던 때에는 삼림이나 목초지는 그 어느 곳에서나 자유롭게 사용되었음을 살펴본 바 있다. 이 단계에서 토지는 오늘날의 공기와 마찬가지로 특별한 가치를 갖지 못했다. 그 결과 토지는 우리가 오늘날 공기를 취급하는 것과 같은 취급을 받았다(23-30면 참조).

이러한 상황은 유목생활(遊牧生活)이 농업생활(農業生活)로 바뀌고, 정주생활(定住生活)로 바뀌는 것과 더불어 변화하였다. 자기의 노력을 투하한 토지를 빼앗긴 경작자는 고되고 힘든 일을 다시 되풀이하지 않으면 안 되었을 것이다. 그와 같은 방식으로 그의 주거지에 근접한 토지를 대신하여 단지 거리가 상당히 멀기는 하지만 그렇다고 크게 불편하지도 않은 토지를 구할 수 있었다.

어떠한 경우이든지 사람들은 많은 시간의 경과라는 것을 참아 내지 않으면 안 되었고, 그에 비교하면 천유(擅有; appropria-tion)의 노력은 비교적 적은 것이며, 이것은 경제적으로 타당한 이유였다. 이러한 이유에서 본다면, 재산(財産; property)은 노동력(勞動力; labour)과 개인적 결핍(個人的 缺乏; individual scarcity)의 두 가지 요소로부터 생겨난 것이다.

1) 노동력이 투하된 토지나 주택지에 인접한 토지의 천유

재산의 형성이 이 두 요소(要素), 즉 노동력과 개인적 결핍이라는 요소와 어떻게 관련되어 있는가를 우리는 아주 상세하게 알아볼 수 있었다.

동일한 지역공동체에서 재산의 형태가 거름을 치는 것, 배수, 기타의 노동력이 부가된 목초지와 전혀 노동력이 가해지지 않은 토지 사이에서 큰 차이가 있음을 알게 되었다(32면). 경작에 많은 노동력(돌멩이의 제거, 삼림개척 등)의 투입을 필요로 하는 가경지는 세습적 사유재산(世襲的 私有財産; individual hereditary property)이 되고, 다른 모든 토지는 순환농법(循環農法; the system of shifting cultivation)이 행하여지는 동안에만 일시적으로 점유되고 있을 따름이었다(42면).

노동력이 전혀 부가되지 않았지만, 경작자의 주거지 가까이 있는 토지는 사유재산(私有財産; the private property)이고, 멀리 떨어져 있는 토지는 오랜 동안 여러 사람들이 자유롭게 사용할 수 있는 것이었다(51, 56면).

2) 토지분할의 원인

우리는 사유(私有; the individual property)로부터 공유(共有; the common property)로 옮겨가는 동안의 경제법칙(經濟法則; the economic principle)의 영향도 살펴보았다. 즉, 토지의 분할은 상당한 어려움이 뒤따를 뿐만 아니라 사유(私有; the individual property)를 제한함으로써 개인이 노동력을 매우 경제적으로 창출하는 것을 방해하기도 한다. 만일 아무런 경제적 이익을 교환적으로 얻을 수 없다면, 어느 누구도 그러한 방법을 사용하지 않으려고 할 것은 명백하다. 모든 사람이 자기가 경작할 수 있는 것보다 많은 토지를 찾아낼 수 있다면 그의 이웃사람의 재산이 얼마나

많은지는 그에게 별 문제가 아니다. 그러한 재산이 아니라 하더라도 여분의 땅이 있었기 때문에 그는 이웃사람의 재산을 차지하려고 하지 않기 때문이다. 그렇지만 척박하고 충분하지 않은 작은 규모의 토지밖에 확보할 수밖에 없는 빈민계급(貧民階級; a class of poor)의 수가 증가하게 되면 이러한 사정은 달라질 수밖에 없었다(73, 74면). 부자(富者; the rich)의 비옥한 가경지(可耕地; the soils)를 나누어 가짐으로써 빈민계급은 자기들의 경제상태를 개선할 수 있고, 욕구를 충족하기 위하여 필요한 많은 재화(財貨)를 획득할 수 있었으며, 그것도 적은 노력에 의하여 획득할 수 있었다.

3) 지역공동체의 경제정책

여기에서도 우리는 아주 세밀한 사항에 걸쳐서 비옥한 정도가 다른 목초지와 경지 간의 구별을 하고 또한 촌락으로부터의 거리에 따라서 구별하는 점에서 토지의 사회적 부족(社會的 不足)이 느껴지기 시작할 때에야 비로소 지역공동체(地域共同體; the community)가 어떻게 자유소유(自由所有; free appropriation)의 권리를 폐지시키는가를 살펴볼 수 있었다(95-97면). 균분화(均分化; the equalization)와 결핍(缺乏; the scarcity)의 사이에 존재하는 관계에 관하여는 목초지의 경우 목초가 풍부한 해에는 자유롭게 사용되었고, 부족한 해에는 분배되었다고 하는 사실보다도 더욱 특징적인 것은 아마도 없을 것이다(56, 57면).

빈민(貧民; the poor)의 경제상태의 개선을 목적으로 한다는 것과 관계없이 이 정책은 어쩔 수 없이 서로 그 목적과 배치하는 경향을 띠고 있었다. 즉 모든 사회적 간섭은 기업정신(企業精神; the spirit of enterprise)의 발흥을 억제하고, 토지의 집약적 경작을 한층 곤란하게 하며, 그 결과 전체의 행복을 감소시켰다.

제4장 결　론　107

토지에 부가된 노동력을 고려하여, 지역공동체가 이 제도에 의해서 발생하기를 원하지 않았던 모든 결과를 어떻게 공동체가 회피하려고 노력하였는지 볼 수 있었을 것이다(90-100면).

이러한 시도가 모두 성공을 거두지 못한 경우 토지분할의 경제적 불이익이 크고, 그 이익이 넘치는 경우에는 공동체는 이 방법으로부터 손을 떼었다. 이런 이유로 주택지와 방목장은 더 이상 주기적으로 분할되지 않았다(86, 101면).

위에서 설명한 경제적 법칙(經濟的 法則; the economic principle)은 그 자체로서 우리들이 분석해 온 모든 문제를 설명하기에는 부족하다. 경제적 이익(經濟的 利益; the economic interests)—경제적 법칙의 적용결과로서 생기는 이익—은 하나의 사회 안에서 항상 언제나 똑같은 것이 아니었다. 즉 우리는 부자와 빈민사이에서 그리고 사적 소유(私的 所有; the private property)라는 예전의 제도를 유지하려고 하는 사람과 토지의 분할을 요구하는 사람 사이에 존재하는 적대현상(敵對現象; the antagonism)을 보았다. 이러한 방식이 행하여지는지 아니면 또 다른 방식이 행하여지는지는 그것을 찬성한 사람들의 수적 우세가 어느 정도의 위치에 있는가에 따라서 결정된다.

(2) 다수력의 원칙

불만을 느끼는 사람의 수가 많아짐에 따라서 사적 소유권(私的 所有權; the private property)을 폐지하려는 정책은 더욱 급진적으로 추진된다. 일단 빈민이 다수를 점하면, 이 제도의 여명은 날짜를 세는 것에 불과한 정도였다(76, 77면).

경제법칙 및 다수력의 법칙은 항구적 요소(恒久的 要素; constant elements)이고, 그것은 변화하는 법이 없다. 그러나 이 법칙

과 달리 변화하는 두 가지 요소가 있다. 만일 이러한 곳만이 존
재한다면, 재산의 형식은 변동하는 일이 없을 것이고, 세계 어느
곳에서나 똑같을 것이다. 그러나 이러한 상황 이외에 두 가지의
변동적 요소가 있다.

(3) 인구의 증가

재산의 형성에 있어서 모든 변화를 일으킨 역학적 대동력(力
學的 大動力; the great dynamic force)은 인구의 증가였다. 인구증
가(人口增加)의 결과는 토지의 풍부함에 종지부를 찍게 하고, 각
사람이 자유롭게 차지할 수 있는 토지의 면적을 축소시켰다. 따
라서 사람들은 유목생활(遊牧生活; the nomadism)에서 가경지의 경
작(耕作) 및 정주생활(定住生活)을 하도록 만들었다(31면). 이러한
변화가 어떻게 하여 사적소유를 발생하게 하였는지를 살펴보았
다(31면 이하 참조).

계속적인 인구증가가 이루어짐에 따라 가경지(可耕地; the
soil)를 한층 더 집약적으로 사용하더라도 토지의 부족을 메울 수
는 없게 되었다. 빈민계급은 점차로 그 실질적인 생활을 향상시
켜 왔고, 더욱 그 수가 증가하였다. 이로 인해 어떻게 인구의 증
가가 토지의 분할을 가져왔는지는 우리가 이미 살펴본 바 있다
(74면 이하 참조).

사유재산의 형성과 파괴는 결국 인구의 증가에 의하여 야기
되었다. 그리고 개략적으로뿐만 아니라 미세한 점에서까지도 전
반적인 과정이 이 요소에 의하여 지배되어 왔다는 의견은 시베
리아(Siberia)에서의 촌락공동체의 기원을 연구한 바 있는 사람들
이 아무런 이의 없이 승인하는 것이다.[1]

1) 통계적 확증

아무런 논쟁도 야기하지 않았던 이 사실에 대하여 리흐코프 (Lichkow)는 통계적인 확인을 해주기도 하였다. 그는 이르쿠츠크 (Irkutsk)의 통치지역 공동사회(統治地域 共同社會)를 발전의 균등화 (均等化)에 맞추어 4개의 집단체로 분류하였다. 또한 그는 이들 각 집단체의 인구수에 따라서 얼마만큼의 경작지(耕作地)를 소유해야 하는지를 정하기도 하였다. 다음의 각 사항은 리흐코프의 조사의 결과이다.[2]

경작지의 균등화의 정도	1인당 경작지 (dessiatines)
분배 토지가 없거나 또는 전체 면적의 2% 미만을 차지하는 지역공동체	4.5
전체 면적의 2 ~ 7.6%를 차지하는 지역공동체	4.2
전체 면적의 7.6% 이상을 차지하는 지역공동체	4.1
주기적 분할을 하도록 되어 있는 지역공동체	3.7

우리는 이로써 인구 1인당 토지의 감소와 함께 어떠한 균등화가 얼마만큼 증진하였는지의 과정을 명료하게 알아 본 셈이다.

2) 역사적 증거

현재 러시아 역사가인 파블로프-실완스키(Pawlow-Silwanskij) 같은 사람은, 15세기 내지 16세기의 기록을 증거로 하여, 공유재산(共有財産)에로의 변천은 토지의 부족이 감지되기 시작하였을

---

1) Kaufman, p.268 ; Kachorowski, pp.146, 161, 202, 212, etc ; Krol, pp.176, 245, etc. ; Segal, pp.53-6.

2) Lichkow, p.143, quoted also by Kaufman, p.277.

때, 비로소 생겨났다고 지적하고 있다.3)

(4) 인간의 욕망과 자연과의 관계

인구의 증가는 모든 곳에서 동일한 결과를 발생시키지는 않는다. 경제생활의 증대와 토지부족의 발생은 부분적으로 또한 인간의 욕망과 자연과의 관계(the relation of nature towards human wants)와 연결되어 있다.

1) 자연조건이 재산형성에 미치는 영향

가경지(可耕地; the soil)의 자연적 조건의 차이는 매우 중요한 역할을 한다. 인구증가의 비율이 거의 동일한 때에는 예를 들어 삼림지방[森林地方; (개척지; 開拓地)]이 초원(草原; the steppes)에서 보다도 한층 많은 노력의 필요성이 있다. 가경지가 남부 러시아 (South Russia)에서처럼 천연적으로 아주 비옥한 곳에서는 거름을 주는 일은 북부 러시아에서보다 훨씬 이후에 나타났다.

이러한 모든 차이는 재산의 형성에 영향을 미치게 된다. 토지에 쏟아 붓는 노력이 많으면 많을수록, 좀더 빠르고 강력하게 사유재산권(私有財産權; individual ownership)이 확립되었고, 반면에 균분화(均分化)의 과정에서 부딪치게 되는 장애는 한층 더 크게 나타나기 마련이다.

삼림으로 뒤덮여 있다가 개척되는 토지는 이와 같이 어려운 노동을 필요로 하는 토지보다 훨씬 후에 개척되고 분할된다(94, 99면). 남부 러시아에서는 경작지는 6년이 지난 다음에야, 북부 러시아에서는 10~20년이 지난 다음에 재분할할 수 있게 되어

---

3) Pawlow-Silwanskij, pp.106-108 ; *Idem.*, Kaufman, p.433.

있는데, 그 이유는 단지 "흑토(black earth)"는 거름을 칠 필요가 없다는 것이었다(94면).

이러한 이유 때문에서 산포제(散圃制; the scattered system)는 북부에서보다 비옥한 남부에서는 그다지 복잡하지 않았다(88면).

자연적 조건은 토지의 부족에도 영향을 미친다. 토지의 부족은 경작에 적합한 토지가 적은 지방에서는 그것의 규모가 훨씬 더 큰 지방에서보다 좀더 빨리 느껴진다. 이러한 이유 때문에 토지가 아주 척박한 지방[예를 들면, 월로그다(Wologda)와 토볼스크(Tobolsk)와 같은 곳]에서는, 인구 1인당 차지하는 면적이 비교적 넓음에도 불구하고, 주기적 분할(週期的 分割)을 받아야 한다는 것을 알아냈다.4)

토지의 부족은 인구 조밀화(人口 造蜜花)와 가경지의 자연적 조건에 의해서뿐만 아니라, 인간의 욕망에 의해서도 좌우된다. 토지를 취득하는 것이 투기(投機; speculation)를 위해서가 아니라, 단지 인간에게 생활의 필수품을 얻을 수 있게 하려는 이유만으로 뒤섞여 있었던 원시사회(原始社會; primitive society)에서는 토지의 필요와 사람의 욕망은 그때그때 존재하는 경제체제(經濟體制; the economic system)에 의하여 결정된다. 반유목민(半遊牧民; the half-nomad)은 많은 가축을 갖고 있기 때문에 무엇보다도 방목장(放牧場; pasture land)과 목초지(牧草地; meadow)를 필요로 한다. 그러면서 가경지(可耕地; arable land)에는 그다지 신경을 쓰지 않는다. 경작자(耕作者; the cultivator)와 관련하여서는 이와 반대가 된다. 이러한 이유 때문에 우리는 인구 1인당 면적이 얼마큼이냐에 불구하고, 반유목민들 사이에서는 목초지의 분할이 때로는 농민들 사이에서보다도 훨씬 발달되어 있는 것을 찾아볼 수 있었다.

---

4) Kaufman, p.278.

그러나 그와 함께 그들의 가축 무리는 훨씬 더 많아지기 때문에 그들은 목초지의 부족을 한층 강하게 느끼게 된다.

통계적인 사례가 이를 보다 정확하게 설명해 줄 것이다. 동부 트랜스-바이칼(the Trans-Baikal) 지방에서 우리는 다음과 같은 사실을 찾아낸 바 있다.[5]

	분할된 토지의 %	각 호의 목초지면적 (단위 디쟈틴)	각 호의 가축 수
세례를 받은 토인	98	7-29.4	18-40.7
러시아 농민	92.5	1.4-5.8	7-18.6

그렇지만 이와 같은 욕망의 차이는 부족에 영향을 미치지만, 그 자체가 부족의 결과라는 것을 잊어서는 안 된다. 인구 1인당 목초지면적(牧草地面積; the area of meadow) 및 방목장면적(放牧場面積; the area of pasture)이 적어지면 적어질수록 자연적으로 어느 한 사회가 보유할 수 있는 가축 수는 적어지고, 따라서 그 사회의 농업에 대하여 의존하는 중요성은 커질 수밖에 없다.

그리하여 필자는 인구의 밀집도와 자연적 환경의 조건을 동등시하는 곳에서는 각 개인의 토지에 대한 욕망은 크게 차이가 없다고 생각한다. 마지막 논결을 함에 있어서 이러한 사실을 꼼꼼히 따질 필요는 없다고 생각한다. 왜냐하면 여기에서 인구의 밀집도와 자연적 환경의 관계를 논함에 있어서 우리는 묵시적으로 이에 서로 대응하는 인간의 욕망상태도 포함시키고 있기 때문이다.

지금까지 분석해 온 지리적 조건(地理的 條件; the geographical

---

5) Krol, p.246 *et seq.*

conditions)의 보조에 영향을 미치고, 미세한 점으로부터 조그만 차이가 야기되기도 하였지만, 전체적인 흐름의 방향을 변화시키지는 못했다. 무소유(無所有; no property)의 상태로부터 사유(私有; private property)가, 사유로부터 공유(共有; common property)가 발생하였다.

그렇기는 하지만 자연적 조건(自然的 條件; natural condition)은 이와 같은 승계(承繼; succession)를 변경시키고 공유(共有; common property)의 형성을 방해한다. 우리는 이미 주택지(住宅地; homesteads)는 그것에 투입된 노력이 아주 많기 때문에 언제든지 사유로 됨을 알고 있다(101면).

2) 자연조건이 촌락공동체에 미치는 영향

경작지가 단지 동일하게 어려운 조건하에서도 경작을 하는 데 적절한 것이 되기 위해서는 동일함이 유지되어야만 함은 명백한 것이다.

i) 지형과 노동력에 따른 영향

러시아의 촌락공동체(the Russian village community) 중에는 돌에 묻혀 못쓰는 땅이 상당부분 남아 있었다. 이러한 토지를 경작에 적합하도록 만들기 위하여 개인이 기울여야 하는 노력은 일반적으로 아주 크고, 또한 상당히 오랜 시간이 흐른 뒤에야 약간의 이익을 얻을 수 있을 것이며, 그 다음의 재분배를 할 때 당해 토지를 빼앗길 수도 있는 것을 알고 있기 때문에 어떤 농민도 자기가 경작자라는 지위를 차지하려고 하지 않았다.

따라서 예외적으로 이러한 가경지(可耕地; the soils)가 경작되는 경우에는 가경지의 재분배 원칙과 달리 이를 개척한 사람의 세습재산(世襲財産)이 되었다. 주기적 분배를 원칙으로 하는 페테

르부르크(Petersburg), 탐바우(Tambow), 오를로프스크(Orlowsk) 등
의 여러 주의 특정한 지방에서 이들 재산은 사유재산(私有財産)이
다.6) 한 국가의 가경지의 거의 전부가 돌로 뒤덮여 있다면 촌락
공동체(村落共同體)가 존재할 수 없음은 명백하다. 이러한 사실은
가경지를 경작하기에 적절하게 만들기 위해 크나큰 화강암 바위
덩이를 제거해야 하는 핀란드(Finland) 역시 그대로 들어맞는다.
따라서 이곳에서는 늘 경작지의 사유가 존재해 왔다.7)

주기적 분배는 경작을 준비해야 할 노동력이 비교적 적게
투하되고 수년간의 경작 이후에 분배를 고려할 수 있는 곳에서
만 가능하다. 이러한 일반원칙은 농업이 한층 더 집약적으로 되
는 때에 어떻게 하여 촌락공동체가 무너지게 되는지를 우리들에
게 알려주고 있다.

ii) 산간지방

가경지의 지형(地形)도 재산의 형성에 일정한 영향을 미친다.
촌락공동체가 계곡에서는 잘 나타나지만, 계곡의 중턱에서는 잘
나타나지 않는다는 것은 일반적으로 잘 알려져 있는 사실이다.

스위스(Switzerland), 티롤(Tyrol) 및 바바리안 알프스(the Bava-
rian Alps) 지방에서는 재산의 형성이 지형학적 조건(地形學的 條
件)에 많은 영향을 받는다는 것이 아주 명백하게 밝혀지고 있
다.8) 스칸디나비아인 중에서 산이 많은 나라에 살고 있는 노르

---

6) Kachorowski, pp.93, 94.

7) 이러한 내용은 개인적 정보와 관찰에 근거한 것이다.

8) "이러한 주택지설정(住宅地設定; Hof-Ansiedlungen)은 대체적으로 그 터
   에 기초하여 생겨난다. …… 이러한 정황은 바바리아(Bavaria), 티롤(Tyrol)
   및 스위스 등의 알프스 지방에 명확하게 남아 있다. 이들 지방에는 온
   마을이 서로 관계가 있는 사람들로 이루어져 있는 농가(農家; Hofanlagen)
   로 구성되어 있는 것이 보통이다. 그런가 하면 아주 가깝게 살면서 넓고

웨이인(the Norwegians)은 "gaards" 즉 외딴 거처에서, 덴마크인
(the Danes)은 "by's" 즉 촌락에서 살고 있다.[9] 인도(India)에서는
평야지방의 여러 곳에서 촌락공동체를 찾아볼 수 있지만, 동시에
히말라야산지(the Himalayan hillsides)에서는 이를 찾아보기가 힘들
다.[10]

그 이유를 정확하게 설명하기 위한 충분한 자료를 우리는
갖고 있지 못하다. 아마도 그것은 산간지방에서는 운반의 어려움
이 평지에서보다 훨씬 크다는 데 기인할 것이다. 그 결과 예를
들어 거름을 주더라도 그것이 경제적으로 되는 거리는 상대적으
로 좁아지고, 그리하여 농원(農園)의 가까운 곳에 경지를 가져야
할 필요성이 생겨나게 된다.

2. 분석된 4가지 요소들간의 인과관계

지리학자들은 주의 깊게 관찰하였던 요소였지만, 경제학자들
은 전혀 문제삼지 않았던 요소였던 자연의 인간에 대한 관계가
경제적 발달과 더불어 중요한 역할을 한 사실을 아주 명료하게
알게 되었다.

가경지 경작(可耕地 耕作; cultivation of the soil)의 어려움의
정도, 그 지형 등의 차이는 비슷한 차원이나 형상 등에서 재산이
동일한 변화단계를 거치지 않았다는 것을 말해 준다.

그렇기 때문에 인구의 증가라는 사실은 우리들에게 어떻게

평탄한 지역에서는 경작공동체(耕作共同體; Feldgemeinschaft)를 찾아볼 수
있다."—Maurer, *Einleitung*, Ⅰ. p.10.

9) Vinogradoff, *Origin of the Manor*, 2nd ed., p.91(Note 20).

10) Baden-Powell, *Land Tenure*, Ⅰ. p.106.

하여 재산의 형식이 시간의 경과와 함께 자원과 인간의 욕망이 뒤얽히는 관계에 대하여 영향을 미치는지, 그리고 어떻게 하여 장소에 따라서 차이가 발생하게 되는지를 설명해 준다.

우리가 분석해 온 네 가지 요소간에는 인과관계(因果關係; a causal relation)가 존재한다. 이 네 가지 요소가 갖춰져 있는 곳에서의 재산발달과정은 앞에서 설명한 것과 똑같은 단계를 거치지 않을 수 없게 된다.

인간과 사회가 경제적 법칙과 그 밖의 여러 가지 힘의 법칙에 의하여 이끌려 가는 한, 인구의 증가는 우선적으로 경제생활의 증대를 초래하고, 그 결과 가경지 천유(可耕地 擅有; an appropriation of the soil)를 발생시키기 마련이다. 인구가 좀더 증가하고 빈민계급(貧民階級; a class of poor)이 생겨나는 때에는, 균분화(均分化; equalization)가 좀더 바람직한 것으로 떠오르게 된다. 자연적 조건은 앞에서 기술한 방식으로 반응을 일으키게 된다.

3. 자연스러운 재산형성의 흐름이 혼란화된 이유

그렇지만 여기에서 우리는 일정한 제한을 설정해두지 않으면 안 된다. 우리가 앞에서 기술하고 설명하려고 하였던 재산형성(財産形成; formation of property)의 자연스러운 흐름은 원시 인류(原始 人類; the primitive population)가 좀더 나아진 사회의 경제적 자원(經濟的 資源; the economic resources)에 의존하여 생활하기 시작하면서 다소의 혼란을 야기할 수 있었던 것이다. 예를 들어 시베리아(Siberia)의 어떤 촌락에서는 농민이면서도 유럽의 시장에서 물건을 날라다 주면서 그 생계를 맞춰나가고, 농업에는 그다지 중요성을 두지 않고 지내는 사람들이 있다. 그 결과로서 그들

은 보통의 상태라면 필요를 느낄 수도 있겠지만, 가경지의 분할
까지도 하지 않는다. 이와 같은 사실은 시베리아 철도의 건설과
함께 운송업으로서는 이익을 남길 수 없다는 것으로 명백하게
드러났다. 농민은 바로 경작지의 부족을 느끼게 되었고, 아울러
분배를 끌어들이게 되었다.[11]

　　이와 같은 혼란상태는 아주 예외적일 뿐만 아니라 재산의
형식을 제한하는 일도 그렇게 많지 않다. 그러나 필자는 이러한
변화에 대하여 주의를 기울일 필요가 있다고 생각한다. 왜냐하면
이러한 변화는 원시사회(原始社會; a primitive society)가 한층 발전
된 경제제도에 포섭될 때, 자연적·규범적인 전개의 과정이 혼란
스럽게 되기 마련이기 때문이다.

4. 기타의 이론에 대한 비평

　　지금까지 재산의 전개를 지배하는 법칙에 관하여 연구해 보
았는데, 이제부터는 촌락공동체(村落共同體; the village community)
의 기원을 설명하려고 시도했던 다른 학설에 관하여 두세 가지
의 비평을 하고자 한다.

(1) 인종설

　　촌락공동체에 관하여는 인종적 요소가 중요한 역할을 해왔
다. 곰(Gomme)은 "비교관습(比較慣習; comparative custom)의 증거
는 인종적 요소가 동양(東洋; the East)에 있어서의 촌락공동체의

---

11) Kaufman, p.279.

역사에 두드러지게 나타나 있다는 사실 및 동양식(東洋式; the Eastern types)과 영국식(英國式; the English types)의 유사성은 또한 인종적 요소에 관계 깊은 발달의 유사성을 암시한다는 사실을 증명하기에 충분하다"고 한다.12) 그리고 독일에서도 마이첸 (Meitzen)은 이 요소에 중요성을 인정하고, 게르만의 특징을 촌락 공동체로 보고, 켈트족(the Celtic)의 역사적 특징을 "산거제(散居制; Einzelhof)"라고 한다.13)

이미 앞에서 개괄적으로 살펴본 것만으로 우리는 인종(人種; race)과 재산의 형태 사이에는 아무런 관계가 없다는 것을 알 수 있다. 우리는 인도나 유럽의 몇몇 아리안인 사이에서와 마찬가지로 자바(Java)의 말레이인(the Malayans) 사이에서도 촌락공동체를 찾아볼 수 있다. 산간지방에 살고 있는 사람들은 인종학적으로는 평지에 살고 있는 사람들과 관계가 있지만, 재산을 공유하는 일은 없었다.

(2) 이주에 따른 재산형태의 전파

우리가 시베리아(Siberia)에서 확보할 수 있는 증거는 재산의 형성에 대하여, 인종의 영향이 전혀 없다는 것을 분명하게 보여준다. 크롤(Krol)은 균분화의 형식을 발전시킨 여러 조건이 토착민(土着民; the natives) [부랴트인(Buriats), 몽고계 종족(Mongolic race)], 러시안 농민(Russian peasants)과 코사크인(Cossacks) [인도-유럽인(Indo-Europeans)]들 사이에서 전적으로 동일하기 때문에 재산의 전개도 매우 똑같은 경로를 거쳐왔다는 사실을 말하고 있

---

12) Gomme, *The Village Community*, p.69.

13) A. Meitzen, *Siedlung und Agrarwesen der Westgermanen und Ostgermanen, der Kelten, Römer, Finnen und Slaven*, 1895.

다.14)

부랴트인들(the Buriats) 사이에서는 자유점유(自由占有; free occupation)가 농민들 사이에서 보다 한층 더 발달한 것은 사실이지만, 그것은 카우프만 교수(Professor Kaufman)가 지적한 바와 같이 "그들이 토착민이라는 이유에서가 아니라 좀더 비옥한 토지를 지니고 살고 있었다"는 이유에서였다.15)

이주민(移住民; emigrants)이 재산의 오랜 형식을 어느 나라로부터 다른 나라로 이식한다고 하는 것은 전적으로 잘못된 판단이다. 그러함에도 불구하고 이러한 오류는 오늘날에도 널리 유포되어 통용되고 있다. 게르만 침입자들이 영국에 촌락공동체를 들여왔다고 일반적으로 생각한다.16) 우리가 확보하고 있는 자료를 바탕으로 보면, 전통은 경제적 이해관계가 위험에 처해 있는 곳에서는 크나큰 역할을 하지 못한다는 것을 보여 준다. 카우프만 교수는 "재산의 형식에 있어서의 차이는 시베리아 주민이라는 특별한 집단의 인종학적 특성에서는 거의 언급되어 있지 않을 정도로 관계가 없다. '유러시아의 잡다한 부분─촌락공동체(村落共同體; the village community) 또는 농장제(農場制; the farm sys-

---

14) Krol, p.177.

15) Kaufman, *Trans-baïkal,* p.158.

16) Meitzen, s. c., II. p.101. 필자는 앞에서 독일의 어떤 지역[베스트팔리아(Westphalia)]에는 "산거촌락(散去村落; Einzelhof)"이 있다는 사실을 원래 켈트족(the Celts) (p. 97)이 그렇게 살았다는 사실에 의하여 증명한 바 있다. 하지만 영국에서는 왜 독일 민족이 그들의 제도를 켈트족에게 강요하였는지, 그리고 아주 가까운 베스트팔리아 지역을 침입하여, 그들이 공유재산(共有財産; the common property)에 관한 모든 사실을 잊게 하였는지는 참으로 이해하기 어려운 일일 것이다. 이렇게 앞뒤의 사실이 서로 일치하지 않는다는 것은 인종설(人種說; the racial theory)이 갖는 여러 가지 결점을 보여주는 것이기도 하다.

tem)를 주요한 특징으로 하는 부분—으로부터의 이주민인 고대 시베리아인, 아니 토착민이 재산의 전개에 관하여는 하나도 차별 없이 집단을 형성한다.' 재산의 형성은 무엇보다도 토지의 비옥한 정도에 따라서 발달한다"라고 한다.[17]

(3) 모방의 영향

촌락공동체로부터 이주해 온 러시아 농민은 종래의 제도를 시베리아에서 행하였던 것의 재현이라고 생각하지 않는다. 이들 농민들은 그다지 주저하지 않고 농장제(農場制; farm system)와 사유재산제(私有財産制; individual ownership system)를 편리한 것으로 생각한다.[18]

인종의 문제와 키르기스의 초원(the Kirgiz steppes)에서의 러시아계 농민의 정착은 어떠한 점에서도 토착민의 재산의 형식에 영향을 미치지 않았던 것으로 되어 있다.[19] 부랴트인(the Buriats) 사이에서는 그 근방에 살고 있는 러시아 농민을 모방하여 그들도 토지분할의 제도를 채택하였을 것이라는 사실을 입증하는 실례를 찾으려고 하였으나 헛수고에 그치고 말았다. 카우프만 교수(Professor Kaufman)는 "모든 전개가 점진적인 곳, 즉 지역공동체(地域共同體; the community)가 분할제(分割制; division)를 도입하기 전에는 서로 사소한 차이를 가질 뿐이고, 또한 조직적으로 관계를 가지는 중간계급에 의하여 어느 형식을 차용했는지 여부를 설명하는 것은 어렵고 사실상 불가능하다"고 한다.[20]

---

17) T. and T., p.31. ' '의 설명은 필자가 부가시킨 것이다.
18) Kaufman, pp.441-445 ; *Sib. Com.*, pp.275, 276.
19) Kaufman, *K. woprosu*, p.24.
20) Kaufman, *Trans-baïkal*, p.159.

(4) 법률의 역할

촌락공동체(村落共同體; the village community)의 기원은 정부의 조세(租稅)에 대한 집합적 책임과 관련하여 여러 차례 설명된 바 있다.21) 재산의 전개는 이렇게 하여 입법자(立法者)의 의사에까지 거슬러 올라간다. 러시아령 아시아(Russian Asia)에서의 이 문제에 관한 연구는 이러한 요소가 그에 속하는 중요한 역할을 하지 못한 것으로 우리들에게 알려지고 있다.

토지가 비옥하고 그 결과 주기적으로 토지를 분할해야 할 경제적 필요가 없는 시베리아의 각 지방에서는 이러한 방법을 명하는 모든 포고(布告)는 사문화(死文化; dead letter)된 채로 남아 있다.

카쵸로프스키(Kachorowski)는 "공동체 내의 내부적 투쟁에 부딪혀 모든 힘이 분할에 반대하는 쪽에 있는 경우에는 행정상의 압박과 같은 강제력이 부과되더라도 분배를 이루기에는 어렵다"라고 한다.22)

카우프만 교수(Professor Kaufman) 역시 똑같은 사실을 지적하고 있다. 그는 "토지가 풍부한 곳에서는 당국(當局)의 모든 조치는 잘사는 주민의 완강한 반대에 부딪쳐 실패하였다"고 기술하였다.23)

---

21) 러시아에서는 이 이론이 오랜 동안 역사가(歷史家)들 사이에서 그대로 인정되어 왔다. 그리고 라벨레이예(Laveleye), 힐데브란트(Hidebrand), [법과 관습(Recht und Sitte) p.186 등]과 같은 비러시아계 학자들도 따랐던 이론이다. 옛날 러시아의 역사학파(Chicherin, Belaïew 등)의 이론에 관하여는 J. V. Keussler, *Zur Geschichte und Kritik des bäuelichen Gemeindebesitzes in Russland,* 1876-87, p.8 이하 참조.

22) Kachorowski, p.208.

23) Kaufman, pp.415, 416.

크롤(Krol)은 "토지가 비옥하게 존재하는 곳에서는 포고가 내려져도 실제로 분할을 하는 일은 거의 없다"라고 하였다.[24]

유목민들(키르기스족이나 부랴트인) 사이에서도 러시아 농민 사이에서와 마찬가지로 재산발달의 건설적 요소로서 행정적 제재(行政的 制裁; the administrative intervention)를 말하는 경우는 거의 없다.[25]

토지가 급속히 부족하게 되고, 분할제(分割制)를 실시하자고 하는 강한 요구가 있는 경우에만 사회는 행정적 제재를 하는 명령에 복종한다.[26]

그렇지만 이러한 변천은 시기가 충분히 성숙한 때에는 특별한 외부적 간섭이 없더라도 흔히 생겨난다.[27]

(5) 진화의 자연적 과정에 행정의 불간섭

유러시아(European Russia)에서의 새로운 역사 연구는 시베리아에서 관찰되었던 바를 확신시켜 주었다. 예를 들어 블로그다 주(the government of Wologda)에서는 토지의 분할을 명하는 주정부의 포고(布告)는 이 방법을 구하는 빈민의 청원이 있은 후에나 조치를 하게 되어 있었다.[28] 이렇게 할 필요성이 없었던 곳에서는 유러시아에서도 시베리아에서와 마찬가지로 촌락공동체(村落共同體)를 개입시키려는 주정부의 시책은 실패로 돌아가곤 하였다.[29]

---

24) Krol, p.178.
25) Kaufman, p.174.
26) *Ibid.*, p.417; Kachorowski, pp.208, 209.
27) Kachorowski, p.210.
28) W. W., *History*, and Kaufman, p.426 *et seq.*
29) Kaufman, p.431 ff. ; W. W., *History*, pp.5, 10, 29, etc. Simkowich, p.77. 심크비치(Simkowich)는 "정부의 영향과 압박을 지나치게 평가하는 것은

우리가 알고 있는 바와 같이 입법(立法)은 재산의 새로운 형식으로서의 발생을 용이하게 할 수 있지만, 이를 임의로 변경시킬 수는 없게 되어 있었다.

똑같은 원칙은 외부적으로 영향을 미치는 사항에 대하여서뿐만 아니라 내부적으로 영향을 미치는 사항에도 적용되었다. 경제적 또는 사회적 귀족주의는 대다수의 경제적 이익에 반대되는 재산의 형식을 사회적으로 강제하는 일은 할 수 없다.

코사크족(the Cossacks)은 그와 관련된 모든 사회적 불평등을 수반하는 하나의 군사적 사회이다. 그렇지만 재산의 형식을 계승하는 일은 여기에서도 다른 곳과 동일하다. 그것이 다른 곳에서보다 다소 늦을지는 몰라도, 그러나 자유점유(自由占有; free occupation)로부터 주기적 분할로 옮기는 것으로 이루어지는 발달이라는 큰 원칙으로부터 벗어나지는 않는다.

(6) 인과법칙에 의해 결정되는 재산의 변화

그러므로 인종, 모방, 입법 등과 같은 네 요소는 결합결과인 재산의 발달에 있어서 중요한 역할을 한다. 인구의 밀도와 자연적 환경의 조건을 동등시하는 곳에서는—앞에서 서술한 경제법칙과 다수의 힘의 법칙은 언제나 존재하는 것으로 생각하여—재산의 동일한 변화가 예외 없이 발생한다. 이들 요소의 어느 하나

잘못된 일인지도 모른다. 정부의 독립에 대한 간섭은 아주 드물게만 있었을 뿐이다. 정부는 토지가 부족한 사람과 토지를 잃은 사람들에게 토지공유제(土地共有制; die Feldgemeinschaft)를 가능하게 하고, 이를 보존·유지할 수 있도록 하는 일이 그 일의 전부"라고 지적한 바 있다. 다른 장(章)에서는 주 정부(洲 政府)가 고용하는 농민에 관하여 서술하면서, 그는 여전히 촌락공동체(村落共同體; the village community)의 억압적 채용이라는 옛날 이론을 제시한 바 있다(115-117면).

에서 생겨나는 갖가지 변화는 필연적으로 서로 대응하는 변화를 경제조직 중에 발생시킨다.[30) 그러므로 재산의 발달은 우연적인 발생사건이나 입법자의 기분에 따라서 결정되는 것이 아니라 인과법칙(因果法則; causal laws)에 의하여 결정된다.

　이 조그마한 책을 마치면서 원시민족간의 재산형식에 관한 새로운 연구가 우리의 지식을 넓혀주고, 한편 오늘날의 개론(槪論)에 지나지 않는 것을 다시 확실하게 하고, 전개하며 정정해 줄 것을 진심으로 바라는 바이다.

---

30) 필자는 지금까지 이 규범적 과정이 인구가 희박한 나라가 좀더 진보한 사회의 경제적 자원에 의존하게 될 때, 그 흘러가는 과정이 어떻게 달라지는지를 개괄적으로나마 점검해 본 셈이다(115-117면).

역자후기

이 책은 레빈스키(JAN ST. LEWINSKY)의 저서인 『재산의 기원과 촌락공동체의 형성(THE ORIGIN OF PROPERTY AND THE FORMATION OF THE VILLAGE COMMUNITY: CONSTABLE & COMPANY LTD., LONDON, 1913)』을 번역한 것이다. 레빈스키는 특별히 많은 저서를 남기지는 않았지만 그의 관심분야가 독특하고 박식함은 누구나 인정하는 바이다.

이 책에서 다룬 재산의 기원과 촌락공동체의 형성만 해도 매우 귀중한 연구주제이기는 하지만 아무나 쉽게 일정한 자료에 근거하여 정리하기 쉽지 않은 주제이다.

농민(農民)의 경우에는 일정한 기간 동안 한 곳에 머물러 살 필요가 있는가 하면, 수렵인(狩獵人)이나 어로인(漁撈人)의 경우에는 이곳저곳으로 옮겨 다녀야 그 삶의 물질적 기초가 잡히게 된다는 것은 어렵지 않게 추론할 수 있다. 유목민이나 어로인에게는 일정한 지역이나 수역의 지배가 특별한 의미가 없는 것이었다. 그저 초목이 우거져 있거나 고기떼가 몰려드는 곳이 중요성을 띨 수밖에 없었다.

이와 같은 생활모습은 목초지(牧草地)나 어로수역(漁撈水域)이 풍부해서 남아도는 경우에는 극히 자연스러운 행태의 하나라고 할 수도 있을 것이다. 그러나 인구가 증가하고, 생활수단이 쉽지 않은 문제로 되고 나서는 가축의 수도 늘려야 하고, 물고기도 좀 더 많이 잡아야 할 필요성이 생활 자체의 한계선을 그어주게 되었다. 이후 생활방식에서도 서서히 일정한 변화가 생겨나지 않을 수 없게 되었다. 이리저리 돌아다니면서 가축을 길러 생활하는 것에 대한 한계를 느낀 사람들은 다른 방식을 생각하게 되었고,

그 중의 하나가 일정한 토지에 울타리를 쳐서 다른 사람의 동물이 들어오지 못하게 하는 것이었다. 이것은 아무리 원시사회였다 하더라도 쉽게 떠올릴 수 있는 방안임은 쉽게 짐작할 수 있다. 그런가 하면 이렇게 지내는 데 그치지 않고 이러한 토지나 삼림이나 수역에 관하여 배타적인 지배를 계속하게 되는 경우에는 그 사람의 것으로 인정하게 되고, 그러한 상황의 연속은 결국 계속적 점유권 내지 소유권(所有權)으로서의 일정한 의미를 지니게 된다.

그런가 하면 다른 한편, 가난한 사람의 수가 늘어나는 것은 또 다른 크나큰 문제를 불러일으키게 된다. 먹고 살 수 있는 방법이 한정되어 있는 가운데, 토지나 가축을 가지고 있지 못한 사람들이 발생하게 된다. 무규율사회에서는 행동에 제한이 없기 때문에 도둑질이나 약탈 등의 방법이 성행하였으며, 이로 인해 이익의 조정 내지 재산의 조정을 위해 규율의 필요성이 나타났다. 이러한 사상을 바탕으로 토지에 관한 요구는 토지균분제(土地均分制)의 주장이었다.

원시사회(原始社會)의 발전은 이러한 과정을 거쳐서 진행되었고, 그 이후의 변화과정은 본문에 서술되어 있는 것으로 넘기고 여기에서는 더 이상의 설명을 줄이기로 한다. 다만 이 책을 읽고 난 후에 재산(財産)에 관하여 "무주재산(無主財産)에서 개별재산(個別財産)으로, 개별재산에서 공유재산(共有財産)으로, 다시 공유재산에서 개인재산과 공유재산이 혼재된 형태"로의 변화가 있었음을 알게 되었으면 좋겠고, 이러한 재산적 변화를 깔고 촌락(村落)이 형성되어 사회 전체의 발전이 이루어졌음을 각 독자의 필요에 맞추어 이해하여 주었으면 하는 생각이 간절한 바이다. 또한 이 책은 재산이 어떠한 과정을 거쳐 현재의 모습으로 발전해 왔는지를 알려주고 있다. 따라서 역사학이나 경제학, 법학을 공부하는 사람에게는 중요한 의미를 갖는 책이라 생각된다. 법학 중에서도 민법의 물건규정과 부합되는 것이 많음을 알 수 있다. 그래서 프랑스, 독일, 일본, 러시아, 중국 북한, 우리나라의 물건 규정을 덧붙였다.

번역을 함에 있어서 표현의 애매함을 느꼈음은 이번의 경우에도 마찬가지였고, 특히 고어(古語)나 옛날 지명(地名)은 일정한 기준에 맞추어 정리하려고 하였으나, 그렇지 못한 어휘(語彙)의 사용도 있으리라 생각한다. 이러한 점은 독자(讀者) 여러분께서 충분히 양해하여 주리라 믿고 아울러 송구스러운 마음을 지니고 있음을 표하는 바이다. 그리고 독자들의 편의와 내용의 보다 정확한 파악을 위하여 본문에 소제목을 덧붙였음을 밝혀둔다.

여러 가지 출판사정이 좋지 않음에도 불구하고 이 책의 출판을 허락해 주신 사장님과 직원 여러분, 그리고 활자화(活字化) 및 내용검토까지 꼼꼼하게 해 준 세창출판사 이방원 사장님과 임길남 상무님, 그리고 관계직원 모두에게 깊은 감사를 드리는 바이다.

2007년 12월

역　　자

각국의 物件 관련 법률 규정

프랑스 민법 / 독일 민법 / 일본 민법 / 러시아
민법 / 중화인민공화국 민법 / 중화인민공화국
상속법 / 조선민주주의인민공화국 민법 / 대한
민국 민법

Code Civil Français

....

Livre II. Des beins et des differentes modifications de la propriété

Titre I : De la distinction des biens

Article 516 Tous les biens sont meubles ou immeubles.

Chapitre I . : Des immeubles

Article 517 Les biens sont immeubles, ou par leur nature, ou par leur destination, ou par l'objet auquel ils s'appliquent.

Article 518 Les fonds de terre et les bâtiments sont immeubles par leur nature.

Article 519 Les moulins à vent ou à eau, fixés sur piliers et faisant partie du bâtiment, sont aussi immeubles par leur nature.

Article 520 Les récoltes pendantes par les racines et les fruits des arbres non encore recueillis sont pareillement immeubles.

Dès que les grains sont coupés et les fruits détachés, quoique non enlevés, ils sont meubles.

Si une partie seulement de la récolte est coupée, cette partie seule est meuble.

Article 521 Les coupes ordinaires des bois taillis ou de futaies mises en coupes réglées ne deviennent meubles qu'au fur et à mesure que les arbres sont abattus.

프랑스 민법

··

제2권 물건 및 소유권의 변경

제1편 물건의 분류

제516조　모든 물건은 동산이나 부동산이다.

제1장 부 동 산

제517조　부동산에는 성상에 의한 부동산, 용도에 의한 부동산 및 객체에 의한 부동산이 있다.

제518조　토지와 건물은 성질에 의한 부동산이다.

제519조　기둥에 고정되어 있고 건물의 일부를 구성하는 풍차 또는 물레방아는 성질에 의한 부동산이다.

제520조　① 뿌리에 연결된 미수확의 농작물, 분리되지 아니한 과실도 부동산이다.

② 일단 수확된 곡물과 이미 분리된 과실은 비록 다른 곳으로 이동되지 아니하였다 하더라도 이는 동산이다.

③ 농작물의 일부만 수확한 경우에는 그 부분만을 동산으로 본다.

제521조　정기적으로 채벌되는 작은 나무나 향후 벌목을 해야 할 큰 나무는 벌목되어 쓰러지는 때에야 비로소 동산으로 된다.

Article 522   Les animaux que le propriétaire du fonds livre au fermier ou au métayer pour la culture, estimés ou non, sont censés immeubles tant qu'ils demeurent attachés au fonds par l'effet de la convention.

Ceux qu'il donne à cheptel à d'autres qu'au fermier ou métayer sont meubles.

Article 523   Les tuyaux servant à la conduite des eaux dans une maison ou autre héritage sont immeubles et font partie du fonds auquel ils sont attachés.

Article 524 (Loi n° 84-512 du 29 juin 1984 art. 8 I Journal Officiel du 30 juin 1984 en vigueur le 1er juillet 1985)

(Loi n° 99-5 du 6 janvier 1999 art. 24 Journal Officiel du 7 janvier 1999)

Les animaux et les objets que le propriétaire d'un fonds y a placés pour le service et l'exploitation de ce fonds sont immeubles par destination.

Ainsi, sont immeubles par destination, quand ils ont été placés par le propriétaire pour le service et l'exploitation du fonds :

Les animaux attachés à la culture ;

Les ustensiles aratoires ;

Les semences données aux fermiers ou colons partiaires ;

Les pigeons des colombiers ;

Les lapins des garennes ;

Les ruches à miel ;

Les poissons des eaux non visées à l'article 402 du code rural et des plans d'eau visés aux articles 432 et 433 du même code ;

Les pressoirs, chaudières, alambics, cuves et tonnes ;

부록 / 프랑스 민법   133

제522조   ① 토지 소유자가 경작을 위하여 정액지급토지임차인 또는 분액지급토지임차인에게 제공한 동물은 약정에 따라 토지와 연관되어 있는 한 그 동물에 대한 가격평가 여부를 불문하고 이를 부동산으로 본다.

② 정액지급토지임차인 또는 분액지급토지임차인 이외의 자에게 제공한 가축은 동산이다.

제523조   가옥 또는 기타 부동산에 물을 끌어들이는 데 사용되는 수도관은 부동산이며, 그것이 부착된 토지의 일부에 속한다.

제524조   ① 토지소유자가 토지의 이용 및 경영을 위하여 토지에 설치한 물건은 용도에 따른 부동산으로 한다.

② 아래 각 호의 것을 토지소유자가 토지의 이용과 경영을 위하여 설치하였다면 이는 용도에 의한 부동산이다:

1. 경작과 관련이 있는 동물

2. 농기구

3. 정액지급토지임차인 또는 분액지급토지임차인에게 제공한 종자

4. 비둘기장의 비둘기

5. 토끼장의 토끼

6. 벌통의 꿀벌

7. 농업법전 제402조의 규율대상에 포함되지 않으며 동 법전 제432조와 제433조에 규정된 수면에서 키우는 어류

8. 압축기, 보일러, 증류기, 양조통, 큰 나무통

9. 대장간, 제지 및 기타 공장의 경영에 필요한 기구

Les ustensiles nécessaires à l'exploitation des forges, papeteries et autres usines ;

Les pailles et engrais.

Sont aussi immeubles par destination tous effets mobiliers que le propriétaire a attachés au fonds à perpétuelle demeure.

Article 525   Le propriétaire est censé avoir attaché à son fonds des effets mobiliers à perpétuelle demeure, quand ils y sont scellés en plâtre ou à chaux ou à ciment, ou, lorsqu'ils ne peuvent être détachés sans être fracturés ou détériorés, ou sans briser ou détériorer la partie du fonds à laquelle ils sont attachés.

Les glaces d'un appartement sont censées mises à perpétuelle demeure lorsque le parquet sur lequel elles sont attachées fait corps avec la boiserie.

Il en est de même des tableaux et autres ornements.

Quant aux statues, elles sont immeubles lorsqu'elles sont placées dans une niche pratiquée exprès pour les recevoir, encore qu'elles puissent être enlevées sans fracture ou détérioration.

Article 526   Sont immeubles, par l'objet auquel ils s'appliquent :

L'usufruit des choses immobilières ;

Les servitudes ou services fonciers ;

Les actions qui tendent à revendiquer un immeuble.

Chapitre II. : Des meubles

Article 527   Les biens sont meubles par leur nature ou par la détermination de la loi.

10. 퇴비 및 비료.

③ 토지소유자가 영구적으로 토지에 부착시킨 기타 모든 동산 역시 용도에 의한 부동산이다.

제525조 ① 석고, 석회, 시멘트에 의하여 토지에 부착된 동산의 경우에, 그 동산을 파괴 또는 훼손하거나 동산이 부착된 토지를 파괴 또는 훼손하지 아니하면 당해 동산을 토지로부터 분리할 수 없는 때에는 토지소유자는 그 동산을 영구적으로 토지에 부착시킨 것으로 본다.

② 주거용 공간에 설치된 벽거울은 그것이 부착되어 있는 틀이 벽판과 합체되어 있는 때에는 영구적으로 부착된 것으로 본다.

③ 회화액자 및 기타 장식품도 전항(前項)과 같다.

④ 조각품의 경우, 당해 조각품이 명백히 그것을 놓기 위하여 마련된 벽감(壁龕)에 있는 때에는 파괴 또는 훼손하지 않고 이동할 수 있다 하더라도 이를 부동산으로 본다.

제526조 다음 각 호에 열거된 것은 객체에 의한 부동산이다.

1. 부동산의 용익권
2. 역권(役權) 또는 토지사용권
3. 부동산의 반환을 목적으로 하는 소권(訴權)

제2장 동   산

제527조 동산에는 성질에 의한 동산과 법률규정에 의한 동산이 있다.

Article 528 (Loi n° 99-5 du 6 janvier 1999 art. 25 Journal Officiel du 7 janvier 1999)

Sont meubles par leur nature les animaux et les corps qui peuvent se transporter d'un lieu à un autre, soit qu'ils se meuvent par eux-mêmes, soit qu'ils ne puissent changer de place que par l'effet d'une force étrangère.

Article 529 Sont meubles par la détermination de la loi les obligations et actions qui ont pour objet des sommes exigibles ou des effets mobiliers, les actions ou intérêts dans les compagnies de finance, de commerce ou d'industrie, encore que des immeubles dépendant de ces entreprises appartiennent aux compagnies. Ces actions ou intérêts sont réputés meubles à l'égard de chaque associé seulement, tant que dure la société.

Sont aussi meubles par la détermination de la loi les rentes perpétuelles ou viagères, soit sur l'Etat, soit sur des particuliers.

Article 530 Toute rente établie à perpétuité pour le prix de la vente d'un immeuble, ou comme condition de la cession à titre onéreux ou gratuit d'un fonds immobilier, est essentiellement rachetable.

Il est néanmoins permis au créancier de régler les clauses et conditions du rachat.

Il lui est aussi permis de stipuler que la rente ne pourra lui être remboursée qu'après un certain terme, lequel ne peut jamais excéder trente ans ; toute stipulation contraire est nulle.

제528조 한 곳에서 다른 곳으로 이동시킬 수 있는 동물 및 물체는 스스로 이동할 수 있는 것이거나 외부의 힘에 의하여 이동할 수 있는 것인가를 불문하고 모두 그 성질상 동산으로 본다.

제529조 ① 변제기에 있는 금전 또는 동산을 목적으로 하는 채권(債券)과 주식, 금융회사, 상업회사, 산업회사의 주식 또는 지분은 비록 이런 사업에 부속되는 부동산이 회사의 소유라 하더라도 법률이 정하는 바에 따라 동산으로 본다. 이러한 주식 또는 지분은 회사가 존속하는 기간 동안 각 사원에 대하여도 동산으로 본다.

② 국가 또는 개인이 지급하는 영속정기금 또는 종신정기금 또한 법률규정에 의한 동산으로 본다.

제530조 ① 부동산의 매매대금 또는 부동산 자산에 대한 유상·무상양도의 조건으로 설정된 모든 영속정기금은 환매의 대상이 될 수 있다.

② 그러나 채권자는 환매에 관한 특약과 조건을 정할 수 있다.

③ 또한, 채권자는 일정한 기간이 경과한 후에만 정기금을 반환받을 수 있는 것으로 정할 수 있으며, 이 기간은 30년을 넘을 수 없다; 이에 반하는 약정은 무효이다.

Article 531 Les bateaux, bacs, navires, moulins et bains sur bateaux, et généralement toutes usines non fixées par des piliers, et ne faisant point partie de la maison, sont meubles : la saisie de quelques-uns de ces objets peut cependant, à cause de leur importance, être soumises à des formes particulières, ainsi qu'il sera expliqué dans le code de la procédure civile.

Article 532 Les matériaux provenant de la démolition d'un édifice, ceux assemblés pour en construire un nouveau, sont meubles jusqu'à ce qu'ils soient employés par l'ouvrier dans une construction.

Article 533 Le mot "meuble", employé seul dans les dispositions de la loi ou de l'homme, sans autre addition ni désignation, ne comprend pas l'argent comptant, les pierreries, les dettes actives, les livres, les médailles, les instruments des sciences, des arts et métiers, le linge de corps, les chevaux, équipages, armes, grains, vins, foins et autres denrées ; il ne comprend pas aussi ce qui fait l'objet d'un commerce.

Article 534 Les mots "meubles meublants" ne comprennent que les meubles destinés à l'usage et à l'ornement des appartements, comme tapisseries, lits, sièges, glaces, pendules, tables, porcelaines et autres objets de cette nature.

Les tableaux et les statues qui font partie du meuble d'un appartement y sont aussi compris, mais non les collections de tableaux qui peuvent être dans les galeries ou pièces particulières.

Il en est de même des porcelaines : celles seulement qui font partie de la décoration d'un appartement sont comprises sous la dénomination de "meubles meublants".

제531조 선박, 나룻배, 함선, 배 위에서 사용하는 풍차와 목욕시
    설 및 일반적으로 기둥으로 고정되지 않고 가옥의 일부를
    구성하지 않는 시설은 모두 동산으로 본다. 그러나 이러한
    위의 물건에 대한 압류는 그 중요성으로 인하여 민사소송법
    전의 규정에 의하여 특별한 형식을 취할 수 있다.

제532조 건물의 철거로부터 나온 재료 및 건물의 신축을 위하
    여 모아 놓은 재료는 근로자가 그것을 다시 새로운 건물을
    건축하기 위하여 사용할 때까지는 동산으로 본다.

제533조 특별한 조건 및 설명 없이 법률규정 또는 사람들이 말
    하는 '동산(meuble)'이라는 용어는 현금, 보석류, 채권, 서적,
    훈장, 과학기재, 공예품과 수공기구, 의복, 말, 차량, 무기, 곡
    물, 주류, 건초 및 기타 식료품을 포함하지 않는다. 상거래의
    객체가 되는 것도 동산에 포함되지 않는다.

제534조 ① '가구'라는 용어는 카페트, 침대, 의자, 거울, 괘종시
    계, 탁자, 도자기 및 기타 이와 같은 성질의 물건으로서 주
    거공간의 사용 및 장식에 필요한 동산만을 포함한다.
    ② 주거공간의 동산의 일부를 구성하는 회화액자와 조각품
    도 또한 가구에 포함되나, 화랑 또는 특별공간에 있는 회화
    액자 등은 그러하지 않다.
    ③ 도자기의 경우에도 이와 같다. 주거공간의 장식의 일부를
    구성하는 도자기만이 동산이라는 용어에 포함된다.

Article 535   L'expression "biens meubles", celle de "mobilier ou d'effets mobiliers", comprennent généralement tout ce qui est censé meuble d'après les règles ci-dessus établies.

La vente ou le don d'une maison meublée ne comprend que les meubles meublants.

Article 536   La vente ou le don d'une maison, avec tout ce qui s'y trouve, ne comprend pas l'argent comptant, ni les dettes actives et autres droits dont les titres peuvent être déposés dans la maison ; tous les autres effets mobiliers y sont compris.

제535조 ① '동산(biens meubles 또는 mobilier 또는 effets
mobiliers)'이라는 표현은 위의 규정에 따라 일반적으로 동산
(meubles)으로 간주되는 모든 것을 포함한다.
② 동산비치 가옥에 대한 매매 또는 증여는 가구만을 포함
한다.

제536조 당해 가옥에 소재한 모든 물건까지 포함되는 가옥에
대한 매매 또는 증여는 현금, 채권 및 가옥 내에 증서를 보
관할 수 있는 기타 권리는 포함되지 않는다. 그 밖의 모든
동산은 매매 또는 증여에 포함된다.

Bürgerliches Gesetzbuch

Abschnitt 2 Sachen und Tiere

§ 90 (Begriff der Sache)

Sachen im Sinne des Gesetzes sind nur körperliche Gegenstände.

§ 90a (Tiere)

Tiere sind keine Sachen. Sie werden durch besondere Gesetze geschützt. Auf sie sind die für Sachen geltenden Vorschriften entsprechend anzuwenden

§ 91 (Vertretbare Sachen)

Vertretbare Sachen im Sinne des Gesetzes sind bewegliche Sachen, die im Verkehr nach Zahl, Maß oder Gewicht bestimmt zu werden pflegen.

§ 92 (Verbrauchbare Sachen)

(1) Verbrauchbare Sachen im Sinne des Gesetzes sind bewegliche Sachen, deren bestimmungsmäßiger Gebrauch in dem Verbrauch oder in der Veräußerung besteht.

(2) Als verbrauchbar gelten auch bewegliche Sachen, die zu einem Warenlager oder zu einem sonstigen Sachbegriff gehören, dessen bestimmungsmäßiger Gebrauch in der Veräußerung der einzelnen Sachen besteht.

§ 93 (Wesentliche Bestandteile einer Sache)

Bestandteile einer Sache, die voneinander nicht getrennt werden können, ohne daß der eine oder der andere zerstört oder in seinem Wesen verändert wird (wesentliche Bestandteile), können nicht Gegenstand besonderer Rechte sein.

독일 민법

....

제2장 물건과 동산

제90조(물건의 개념)

이 법률에서 물건이라 함은 유체물(有體物)만을 말한다.

제90조의 a(동물)

동물은 물건이 아니다. 동물은 별도의 법률에 의하여 보호된다. 그에 대하여는 다른 정함이 없으면 물건에 관한 규정을 준용한다.

제91조(대체물)

이 법률에서 대체물(代替物)이라 함은 거래상 통상의 수, 양 또는 무게에 의하여 정하여지는 동산을 말한다.

제92조(소비물)

① 이 법률에서 소비물(消費物)이라 함은 그 용법에 좇아 사용, 소비 또는 양도될 수 있는 동산을 말한다.

② 상품재고 또는 기타의 집합물에 속하면서 그 용법에 좇은 사용이 개개 물건의 양도인 동산도 소비물로 본다.

제93조(물건의 본질적 구성요건)

물건의 다수의 구성부분이 그 중 하나를 훼손시키거나 그 중 하나의 본질을 변경하지 아니하면 서로 분리될 수 없는 경우에는("본질적 구성부분"), 이들은 별도의 권리의 목적이 될 수 없다.

§ 94 (Wesentliche Bestandteile eines Grundstücks oder Gebäudes)

(1) Zu den wesentlichen Bestandteilen eines Grundstücks gehören die mit dem Grund und Boden fest verbundenen Sachen, insbesondere Gebäude, sowie die Erzeugnisse des Grundstücks, solange sie mit dem Boden zusammenhängen. Samen wird mit dem Aussäen, eine Pflanze wird mit dem Einpflanzen wesentlicher Bestandteil des Grundstücks.

(2) Zu den wesentlichen Bestandteilen eines Gebäudes gehören die zur Herstellung des Gebäudes eingefügten Sachen.

§ 95 (Nur vorübergehender Zweck)

(1) Zu den Bestandteilen eines Grundstücks gehören solche Sachen nicht, die nur zu einem vorübergehenden Zweck mit dem Grund und Boden verbunden sind. Das Gleiche gilt von einem Gebäude oder anderen Werk, das in Ausübung eines Rechts an einem fremden Grundstück von dem Berechtigten mit dem Grundstück verbunden worden ist.

(2) Sachen, die nur zu einem vorübergehenden Zwecke in ein Gebäude eingefügt sind, gehören nicht zu den Bestandteilen des Gebäudes.

§ 96 (Rechte als Bestandteile eines Grundstücks)

Rechte, die mit dem Eigentum an einem Grundstück verbunden sind, gelten als Bestandteile des Grundstücks.

§ 97 (Zubehör)

(1) Zubehör sind bewegliche Sachen, die, ohne Bestandteile der Hauptsache zu sein, dem wirtschaftlichen Zwecke der Hauptsache zu dienen bestimmt sind und zu ihr in einem dieser Bestimmung entsprechenden räumlichen Verhältnis stehen. Eine Sache ist nicht Zubehör, wenn sie im Verkehr nicht als Zubehör angesehen wird.

제94조(토지 또는 건물의 본질적 구성부분)

① 토지의 정착물 특히 건물과 토지에 부착되어 있는 토지의 산출물은 토지의 본질적 구성부분에 속한다. 종자(種子)는 파종에 의하여 토지의 본질적 구성부분이 되며, 식물은 식재(植栽)에 의하여 토지의 구성부분이 된다.

② 건물의 건축을 위하여 부가된 물건은 건물의 본질적 구성부분에 속한다.

제95조(일시적 목적)

① 일시적 목적만을 위하여 토지에 부착되어 있는 물건은 토지의 구성부분에 속하지 아니한다. 타인의 토지에 대한 권리의 행사로 그 권리자가 토지에 부착시킨 건물 기타의 공작물도 또한 같다.

② 일시적 목적만을 위하여 건물에 부가된 물건은 건물의 구성부분에 속하지 아니한다.

제96조(토지의 구성부분으로서의 권리)

토지의 소유권과 결합되어 있는 권리는 토지의 구성부분으로 본다.

제97조(종물)

① 주물의 구성부분에 해당되지 아니하면서 주물의 경제적 목적에 도움을 주는 용도를 가지며 또 주물에 대하여 그 용도에 상응하는 공간적 관계에 있는 동산을 종물이라고 한다. 어떠한 물건이 거래상 종물로 인정되지 아니하면 당해 물건은 종물이 아니다.

(2) Die vorübergehende Benutzung einer Sache für den wirtschaftlichen Zweck einer anderen begründet nicht die Zubehöreigenschaft. Die vorübergehende Trennung eines Zubehörstücks von der Hauptsache hebt die Zubehöreigenschaft nicht auf.

§ 98 (Gewerbliches und landwirtschaftliches Inventar)

Dem wirtschaftlichen Zwecke der Hauptsache sind zu dienen bestimmt:

1. bei einem Gebäude, das für einen gewerblichen Betrieb dauernd eingerichtet ist, insbesondere bei einer Mühle, einer Schmiede, einem Brauhaus, einer Fabrik, die zu dem Betrieb bestimmten Maschinen und sonstigen Gerätschaften,

2. bei einem Landgut das zum Wirtschaftsbetrieb bestimmte Gerät und Vieh, die landwirtschaftlichen Erzeugnisse, soweit sie zur Fortführung der Wirtschaft bis zu der Zeit erforderlich sind, zu welcher gleiche oder ähnliche Erzeugnisse voraussichtlich gewonnen werden, sowie der vorhandene, auf dem Gut gewonnene Dünger.

§ 99 (Früchte)

(1) Früchte einer Sache sind die Erzeugnisse der Sache und die sonstige Ausbeute, welche aus der Sache ihrer Bestimmung gemäß gewonnen wird.

(2) Früchte eines Rechts sind die Erträge, welche das Recht seiner Bestimmung gemäß gewährt, insbesondere bei einem Recht auf Gewinnung von Bodenbestandteilen die gewonnenen Bestandteile.

(3) Früchte sind auch die Erträge, welche eine Sache oder ein Recht vermöge eines Rechtsverhältnisses gewährt.

② 어떠한 물건이 일시적으로 다른 물건의 경제적 목적을 위하여 이용된다고 하여서 종물로 되지는 않는다. 종물이 주물과 일시적으로 분리된다고 하여도 그 종물성을 잃지 아니한다.

제98조(영업적 또는 농업적 기구)

다음의 물건은 주물의 경제적 목적에 봉사하는 용도를 가진다.

1. 영구적으로 영업을 위하여 설비를 갖춘 건물, 특히 도정소(搗精所), 대장간, 양조장 및 제조공장의 경우에는 영업용의 기계 및 기타의 기구.

2. 농지의 경우에는 농업용 기구, 가축, 동일한 또는 유사한 산출물의 수확이 예상되는 시기까지 농업을 계속하기 위하여 필요한 한에서의 농업산출물 및 농지에서 획득한 현존의 비료.

제99조(과실)

① 물건의 과실이란 물건의 산출물 및 물건의 용법에 좇아 취득된 기타의 수확물을 말한다.

② 권리의 과실이란 권리로부터 그 용법에 좇아 생겨나는 수득(收得)을 말하며, 특히 토지의 구성부분의 취득을 내용으로 하는 권리에 있어서는 그 취득된 구성부분을 말한다.

③ 물건 또는 권리로부터 어떠한 법률관계에 기하여 생겨나는 수득도 그 과실이다.

§ 100(Nutzungen)

Nutzungen sind die Früchte einer Sache oder eines Rechts sowie die Vorteile, welche der Gebrauch der Sache oder des Rechts gewährt.

§ 101(Verteilung der Früchte)

Ist jemand berechtigt, die Früchte einer Sache oder eines Rechts bis zu einer bestimmten Zeit oder von einer bestimmten Zeit an zu beziehen, so gebühren ihm, sofern nicht ein anderes bestimmt ist:

1. die in §99 Abs. 1 bezeichneten Erzeugnisse und Bestandteile, auch wenn er sie als Früchte eines Rechts zu beziehen hat, insoweit, als sie während der Dauer der Berechtigung von der Sache getrennt werden,

2. andere Früchte insoweit, als sie während der Dauer der Berechtigung fällig werden; bestehen jedoch die Früchte in der Vergütung für die Überlassung des Gebrauchs oder des Fruchtgenusses, in Zinsen, Gewinnanteilen oder anderen regelmäßig wiederkehrenden Erträgen, so gebührt dem Berechtigten ein der Dauer seiner Berechtigung entsprechender Teil.

§ 102(Ersatz der Gewinnungskosten)

Wer zur Herausgabe von Früchten verpflichtet ist, kann Ersatz der auf die Gewinnung der Früchte verwendeten Kosten insoweit verlangen, als sie einer ordnungsmäßigen Wirtschaft entsprechen und den Wert der Früchte nicht übersteigen.

제100조(수익)

수익이란 물건 또는 권리의 과실 및 물건 또는 권리의 사용으로부터 얻게 되는 이익을 말한다.

제101조(과실의 귀속)

물건 또는 권리의 과실을 일정한 시기까지 또는 일정한 시기 동안 수취할 권리가 있는 사람은 다른 정함이 없는 한 다음 각 호와 같이 취득한다.

1. 제99조 제1항에 정하여진 산출물 및 구성부분은 그것이 권리의 과실로서 수취할 것인 경우에도, 그것이 그 권리가 존속하는 동안에 물건으로부터 분리된 때에 이를 취득한다.

2. 그 외의 과실은 그것이 그 권리가 존속하는 동안에 이행기가 도래한 때에 이를 취득한다. 그러나 과실이 사용허락이나 과실수취의 대가, 이자, 이익배당 또는 기타의 정기적으로 회귀하는 수득인 때에는, 수취권자는 수취권이 존속하는 기간에 상응하는 부분을 취득한다.

제102조(과실취득비용의 상환)

과실을 반환할 의무를 지는 사람은 과실의 취득에 지출된 비용에 관하여 그것이 정상적 경영에 상응하고 또한 과실의 가액을 넘지 아니하는 한도에서 그 상환을 청구할 수 있다.

§ 103(Verteilung der Lasten)

Wer verpflichtet ist, die Lasten einer Sache oder eines Rechts bis zu einer bestimmten Zeit oder von einer bestimmten Zeit an zu tragen, hat, sofern nicht ein anderes bestimmt ist, die regelmäßig wiederkehrenden Lasten nach dem Verhältnis der Dauer seiner Verpflichtung, andere Lasten insoweit zu tragen, als sie während der Dauer seiner Verpflichtung zu entrichten sind.

제103조(부담의 분배)

일정한 시기까지도 또한 일정한 시기로부터 물건 또는 권리
의 부담을 질 의무가 있는 사람은, 다른 정함이 없는 한, 정
기적으로 내야 하는 부담에 대하여는 그 의무의 존속기간에
비례하여, 다른 부담에 대하여는 그 의무의 존속기간 중에
지급하여야 하는 한도에서, 이를 부담한다.

日本 民法

第4章　物

第85条(定義)

　この法律において「物」とは，有体物をいう。

第86条(不動産及び動産)

　1　土地及びその定着物は，不動産とする。

　2　不動産以外の物は，すべて動産とする。

　3　無記名債権は，動産とみなす。

第87条(主物及び従物)

　1　物の所有者が，その物の常用に供するため，自己の所有に属する他の物をこれに附属させたときは，その附属させた物を従物とする。

　2　従物は，主物の処分に従う。

第88条(天然果実及び法定果実)

　1　物の用法に従い収取する産出物を天然果実とする。

　2　物の使用の対価として受けるべき金銭その他の物を法定果実とする。

第89条(果実の帰属)

　1　天然果実は，その元物から分離する時に，これを収取する権利を有する者に帰属する。

　2　法定果実は，これを収取する権利の存続期間に応じて，日割計算によりこれを取得する。

일본 민법

∙∙

제4장 물   건

제85조(정의)

　본법에서 물건이란 유체물(有體物)을 말한다.

제86조(부동산, 동산)

　① 토지 및 그 정착물은 부동산이다.

　② 부동산 이외의 물건은 동산이다.

　③ 무기명채권(無記名債權)은 동산으로 간주한다.

제87조(주물·종물)

　① 물건의 소유자가 그 물건의 상용(常用)에 공(供)하기 위하여 자기소유인 다른 물건을 이에 부속하게 한 때에는 그 부속물은 종물이다.

　② 종물은 주물의 처분에 따른다.

제88조(천연과실, 법정과실)

　① 물건의 용법에 의하여 수취하는 산출물은 천연과실(天然果實)이다.

　② 물건의 사용대가로 받는 금전 기타의 물건은 법정과실(法定果實)로 한다.

제89조(과실의 귀속)

　① 천연과실은 그 원물로부터 분리하는 때에 이를 수취할 권리자에게 속한다.

　② 법정과실은 수취할 권리의 존속기간일수의 비율로 취득한다.

Подраздел 3 ОБЪЕКТЫ ГРАЖДАНСКИХ ПРАВ

Глава 6 ОБЩИЕ ПОЛОЖЕНИЯ

Статья 130. Недвижимые и Движимые вещи

1. К недвижимым вещам (недвижимое имущество, недвижимость) относятся земельные участки, участки недр и все, что прочно связано с землей, то есть объекты, перемещение которых без несоразмерного ущерба их назначению невозможно, в том числе здания, сооружения, объекты незавершенного строительства.

(в ред. федеральных законов от 30.12.2004 N 213-ФЗ, от 03.06.2006 N 73-ФЗ, от 04.12.2006 N 201-ФЗ)

(см. текст в предыдущей редакции)

К недвижимым вещам относятся также подлежащие государственной регистрации воздушные и морские суда, суда внутреннего плавания, космические объекты. Законом к недвижимым вещам может быть отнесено и иное имущество.

КонсультантПлюс: примечание.

О государственной регистрации автомототранспортных средств и и других видов самоходной техники на территории Российской Федерации см. Постановление Правительства РФ от 12.08.1994 N 938.

2. Вещи, не относящиеся к недвижимости, включая деньги и ценные бумаги, признаются Движимым имуществом. Регистрация прав на Движимые вещи не требуется, кроме случаев, указанных в законе.

Статья 133. Неделимые вещи

Вещь, раздел которой в натуре невозможен без изменения ее назначения, признается неделимой.

Особенности выдела доли в праве собственности на неделимую вещь определяются правилами статей 252, 258 настоящего Кодекса.

러시아 민법

· ·

제130조(부동산 · 동산)

① 토지 및 토지에 견고히 정착되어 있는 광물, 지하수 및 그밖에 산림, 수목, 건물, 또는 구조물 등 그 목적에 따른 용도를 위해서 손상 없이는 이동할 수 없는 것을 부동산이라 한다.

항공기, 선박, 내륙운항 선박, 우주선도 부동산이다. 그밖에 재산에 대해서도 법률에 의해 부동산이 될 수 있다.

② 부동산, 금전 및 유가증권을 제외한 물건은 동산이다. 동산의 권리는 법률에서 정한 예외를 제외하고는 등기를 요하지 않는다.

제133조(불가분물)

물건의 성질을 변화시키지 않고 분할할 수 없는 것을 불가분물(不可分物)이라 한다.

불가분물에 대한 재산권의 분할의 경우 본법 제252조 및 제258조에 의한다.

Статья134. Сложные вещи

Если разнородные вещи образуют единное целое, предполагающее нспользованне их по общему назначению они рассматрнваются как одна вещь (сложная вещь).

Действне сделки, заключенной по поводу сложной вещи, распрос траняется на все ее составные части, если договором не преду смотрено нное.

Статья135. Главная вещь н прннадлежность

Вещь, предназначенная для обслужнвання другой главной вещи н связанная с ней общим назначеннем (прннадлежность), следуе т судьбе главной вещи, если договором не предусмотрено нное.

Статья136. Плоды, продукцня н доходы

Постушення, полученные в результате нспользовання нмущест ва (плоды, продукцня, доходы), прннадлежат лнцу, нспользующему это нмущество на законном основаннн, если нное не предусмотр ено законом, нными правовымн актамн нлн договором об нспольз ованнн этого нмущества.

Статья137. Жнвотные

К жнвотным прнменяются общне правнла об нмуществе постольк у, поскольку законом нлн нными правовымн актамн не установле но нное.

Прн осуществленнн прав не допускается жестокое обращенне с жнвотнымн, протнворечащее прннцнпам гуманностн.

제134조(혼합물)

　　다른 종류의 물건이 단일한 형태로 구성되어 단일목적으로 사용이 예상되는 물건을 합성물(合成物)이라 한다.

　　합성물의 거래행위는 별도의 정함이 없는 한 전체에 미친다.

제135조(주물과 종물)

　　별도의 정함이 없는 한, 주물의 목적에 공하는 종물은 주물의 처분에 따른다.

제136조(천연과실, 원물, 수익)

　　별도의 법률이나 기타 규정이 없는 한, 천연과실(天然果實), 원물(元物), 수익(收益)과 같은 재산권의 사용에 따른 수익의 수취는 이 재산을 사용하는 자에게 속한다.

제137조(동물)

　　별도의 법률이나 기타 규정이 없는 한, 동물에 대해서는 일반 법률에 따른다.

　　권리의 행사에 있어 인류에 반하는 동물에 대한 잔인한 행위는 할 수 없다.

中华人民共和国 民法

第七十三条

国家财产属于全民所有。

国家财产神圣不可侵犯，禁止任何组织或者个人侵占，哄抢，私分，截留，破怀。

第七十四条

劳动群众集体组织的财产属于劳动群众集体所有，包括：

(一) 法律规定为集体所有的土地和森林，山岭，草原，荒地，滩涂等；

(二) 集体经济组织的财产；

(三) 集体所有的建筑物，水库，农田水利设施和教育，科学，文化，卫生，体育等设施；

(四) 集体所有的其他财产。

集体所有的土地依照法律属于村农民集体所有，由村农业生产合作社等农业集体经济组织或者村民委员会经营，管理。已经属于乡(镇)农民集体经济组织所有的，可以属于乡(镇)农民集体所有。

集体所有的财产受法律保护，禁止任何组织或者个人侵占，哄抢，私分，破怀或者非法查封，扣押，冻结，没收

중화인민공화국 민법

제73조

국가의 재산은 전국민의 소유에 속한다.

국가재산은 신성불가침이므로 어떠한 조직이나 개인의 침범 점유, 사취, 사적 분배, 遮斷抑留, 파손을 하지 못한다.

제74조

노동군중집단조직의 재산은 노동군중집단의 소유에 속하며, 다음 사항을 포함한다.

(1) 법률에서 집단소유라고 규정한 토지와 삼림, 산봉우리, 초원, 황무지, 모래밭 등

(2) 집단경제조직의 재산

(3) 집단소유의 건축물, 저수지, 농업수리시설과 교육, 과학, 문화, 위생, 체육 등의 시설

(4) 집단소유의 기타 재산

집단소유의 토지는 법률에 의하여 촌농민, 집단소유에 속한다. 이러한 토지는 촌농업생산합작사 등 농업집단경제조직 혹은 촌민위원회에서 경영관리한다.

이미 鄕(鎭) 농민집단 경제조직 소유로 되어 있으면, 鄕(鎭) 농민집단 소유에 속하는 것으로 할 수 있다.

집단소유의 재산은 법률의 보호를 받으며, 어떠한 조직이나 개인의 불법점유, 사기, 사적 분배, 파괴 또는 강제압류, 압류, 동결, 몰수할 수 없다.

第七十九条

所有人不明的埋藏物，隐藏物，归国家所有。接收单位应当对上缴的单位或者个人，给予表扬或者物质奖励。

拾得遗失物，漂流物或者失散的饲养动物，应当归还失主，因此而支出的费用由失主偿还。

第八十一条

国家所有的森林，山岭，草原，荒地，滩涂，水面等自然资源，可以依法由全民所有制单位使用，也可以依法确定由集体所有制单位使用，国家保护它的使用，收益的权利；使用单位有管理，保护，合理利用的义务。

国家所有的矿藏，可以依法由全民所有制单位和集体所有制单位开采，也可以依法由公民采挖。国家保护合法的采矿权。

公民，集体依法对集体所有的或者国家所有由集体使用森林，山岭，草原，荒地，滩涂，水面的承包经营权，受法律保护。承包双方的权利和义务，依照法律由承包合同规定。

国家所有的矿藏，水流，国家所有的和法律规定属于集体所有的林地，山岭，草原，荒地，滩涂不得买卖，出租，抵押或者以其他形式非法转让。

제79조

소유자가 분명하지 않은 매장물, 은닉물은 국가소유에 속한다. 접수한 기관에서는 기부한 조직 또는 개인에 대해서 표창하거나 물질적 장려를 하여야 한다.

유실물, 표류물 또는 일실한 가축을 습득하면, 잃어버린 주인에게 반환하여야 한다. 이로 인하여 지출한 비용은 주인이 상환하여야 한다.

제81조

국가소유의 삼림, 산, 초원, 황무지, 모래밭, 수면 등 자연자원은 법에 의거하여 전국민소유제 기관이 사용할 수 있고, 또 법에 의해 확정된 집단소유제 기관이 사용할 수도 있으며, 국가는 그 상용, 수익의 권리를 보호하며, 사용기관은 관리, 보호, 합리적 이용의 의무가 있다.

국가소유의 광산 매장물은 법에 의거하여 전국민소유제 기관과 집단소유제 기관에서 채굴할 수 있고, 또 법에 의거하여 공민이 채굴할 수도 있다. 국가는 합법적 채광권을 보호한다.

법에 의거하여 집단소유 또는 국가소유로서 집단이 사용하는 삼림, 산봉우리, 초원, 황무지, 모래밭, 수면에 대한 공민, 집단의 도급경제권은 법률의 보호를 받는다.

도급쌍방의 권리와 의무는 법에 의거하여 도급계약규정을 따른다.

국가소유의 광산매장물, 水流와 국가가 소유하거나 법률에서 집단소유로 규정한 산지, 산봉우리, 초원, 황무지, 모래밭은 매매, 임대차, 압류 또는 기타의 형식으로 불법양도를 하여서는 아니 된다.

中华人民共和国 继承法

第三条

遗产是公民死亡时遗留的个人合法财产，包括：

(一) 公民的收入；

(二) 公民的房屋，储蓄和生活用品；

(三) 公民的林木，牲畜和家禽；

(四) 公民的文物，图书资料；

(五) 法律允许公民所有的生产资料；

(六) 公民的著作权，专利权中的财产权利；

(七) 公民的其他合法财产。

중화인민공화국 상속법

제3조

　　유산(遺産)은 공민이 사망될 때 남긴 개인의 합법적 재산으로서 아래와 같은 것들이 망라된다.

　　(1) 공민의 수입

　　(2) 공민의 주택, 저축과 생활용품

　　(3) 공민의 림목, 가축

　　(4) 공민의 문물, 도서자료

　　(5) 법적으로 허용된 공민소유의 생산자료

　　(6) 공민의 저작권, 특허권 중의 재산권리

　　(7) 공민의 기타 합법적 재산

조선민주주의인민공화국 민법

제2편 소유권제도

제1장 일반규정

제37조

　　조선민주주의인민공화국에서 재산에 대한 소유권은 그 소유 행태에 따라 국가소유권, 협동단체소유권, 개인소유권으로 나누어진다.

제38조

　　소유권은 법이나 계약, 그 밖의 행위와 사건에 기초하여 발생한다.

　　소유권의 발생은 법에 기초하는 경우에는 법이 정한 때, 계약에 기초하는 경우에는 계약을 맺고 그 대상을 넘겨받은 때부터 이루어진다.

제39조

　　소유권을 가진 자는 법이 정한 범위 안에서 자기의 소유재산을 차지하거나 리용, 처분할 수 있다.

　　재산에 대한 처분은 해당 소유권을 가진 자만이 할 수 있다.

제40조

　　소유권을 가진 자는 자기의 재산을 다른 자가 비법적으로 차지하고 있는 경우에 그 반환을 요구할 수 있다.

제41조

　　소유권을 가진 자는 자기 소유권의 실현을 방해하는 행위를 하는 자에 대하여 그 행위를 그만둘 것을 요구할 수 있다.

제42조

소유권은 여럿이 몫으로 나누어 공동으로 가질 수 있다.

공동소유재산을 차지하거나 리용, 처분하는 것은 공동으로 소유권을 가진 자들의 합의에 따라 한다.

제43조

공동으로 소유권을 가진 자들은 공동소유재산에서 자기의 몫을 갈라 가질 수 있다. 재산을 현물로 가르기 어려울 경우에는 자기 몫에 해당하는 값을 받을 수 있다.

공동으로 소유권을 가진 자들의 몫이 명백하지 않은 경우에 그들의 몫은 같은 것으로 본다.

제4장 개인소유권

제58조

개인소유는 근로자들의 개인적이며 소비적인 목적을 위한 소유이다.

개인소유는 로동에 의한 사회주의분배, 국가 및 사회의 추가적혜택, 터밭경리를 비롯한 개인부업경리에서 나오는 생산물, 공민이 샀거나 상속, 증여받은 재산, 그 밖의 법적 근거에 의하여 생겨난 재산으로 이루어진다.

제59조

공민은 살림집과 가정생활에 필요한 여러 가지 가정용품, 문화용품, 그 밖의 생활용품과 승용차 같은 기재를 소유할 수 있다.

제60조

개인소유권의 담당자는 개별적 공민이다.

166

공민은 자기의 소유재산을 사회주의적 생활규범과 소비적 목적에 맞게 자유로이 차지하거나 리용, 처분할 수 있다.

제61조

공민이 가정성원으로 있으면서 살림살이에 공동으로 리용하기 위하여 번 재산은 가정재산으로 되며 가정성원으로 들어올 때에 가지고 왔거나 결혼하기 전부터 가지고 있는 재산, 상속 또는 증여 받은 재산과 그 밖의 개인적 성격을 띠는 재산은 개별재산으로 된다.

제62조

공민은 자기의 소유재산을 권한없는 자에게서 넘겨받는다는 것을 알면서 가진 공민에 대하여 그 반환을 요구할 수 있다. 잃어버린 물건에 대하여서는 그 사실을 모르고 가진 경우에도 반환을 요구할 수 있다.

제63조

국가는 개인소유재산에 대한 상속권을 보장한다.

공민의 개인소유재산은 법에 따라 상속된다. 공민은 유언에 의하여서도 자기의 소유재산을 가정성원이나 그 밖의 공민 또는 기관, 기업소, 단체에 넘겨줄 수 있다.

대한민국 민법

···

제4장 물 건

제98조(물건의 정의)

본법에서 물건이라 함은 유체물 및 전기 기타 관리할 수 있는 자연력(自然力)을 말한다.

제99조(부동산, 동산)

① 토지 및 그 정착물은 부동산이다.

② 부동산 이외의 물건은 동산이다.

제100조(주물, 종물)

① 물건의 소유자가 그 물건의 상용(常用)에 공(供)하기 위하여 자기소유인 다른 물건을 이에 부속하게 한 때에는 그 부속물은 종물이다.

② 종물은 주물의 처분에 따른다.

제101조(천연과실, 법정과실)

① 물건의 용법(用法)에 의하여 수취하는 산출물은 천연과실이다.

② 물건의 사용대가로 받는 금전 기타의 물건은 법정과실로 한다.

제102조(과실의 취득)

① 천연과실은 그 원물로부터 분리하는 때에 이를 수취할 권리자에게 속한다.

② 법정과실은 수취할 권리의 존속기간일수의 비율로 취득한다.

【역자약력】

정동호(鄭東鎬)

　　고려대학교 법과대학 대학원 졸업
　　법학석사(扶養制度의 變遷—1974)
　　법학박사(韓國家族法에 있어서의 外國法의 繼受—1979)
　　법제처 법제조사위원회 전문위원 역임
　　강원대학교 법과대학 부교수 역임
　　현재 한양대학교 법과대학 교수
　　[역서] 古代社會(Lewis Henry Morgan), 현암사, 1978.
　　　　　私法과 所有權의 基礎理論(Karl Renner), 학연사, 1981.
　　　　　人類婚姻史(Edward Alexander Westermarck), 박영사, 1981.
　　　　　比較法과 社會理論(Jerome Hall), 고려대출판부, 1983.
　　　　　法과 社會變動(Roger D. Wimmer/Joseph R. Dominick), 나남, 1986.

김은아(金銀雅)

　　한양대학교 법과대학 대학원 졸업
　　법학석사(民法上의 遺留分과 返還請求에 관한 考察—1997)
　　법학박사(財産相續上 配偶者의 地位에 관한 考察—2005)
　　현재 한양대학교·홍익대학교·순천향대학교 강사
　　[논문] 前近代 中國의 家族共産制와 家父長의 權能에 관한 考察—2001. 12.
　　　　　民法上 配偶者相續分에 대한 考察—2005. 10.
　　　　　配偶者의 財産相續上 地位와 그 强化—2005. 12.
　　　　　父母扶養의 問題點—2006. 3.
　　　　　父母扶養의 相續法的 接近—2006. 8.
　　　　　被代襲者의 配偶者의 代襲相續에 관한 硏究—2007. 5.
　　　　　朝鮮前期 財産相續法制에서 女性의 地位—2007. 11.

강승묵(姜昇默)

　　한양대학교 법과대학 대학원 졸업
　　법학석사(共同不法行爲에 있어서 關聯共同性에 관한 硏究—2003)
　　한양대학교 법과대학 대학원 박사과정 수료
　　현재 영동대학교 강사
　　[역서] 權利能力論(Eugen Ehrlich), 세창출판사, 2004. 11.
　　[논문] 特殊地役權에 관한 小考—2004. 12.
　　　　　親生否認의 訴에 관한 獨逸民法과 우리 改正法과의 比較檢討—2005. 12.

財産의 起源과 村落共同體의 形成

2007 년 12 월 24 일   초판 인쇄
2007 년 12 월 30 일   초판 발행

저 자 Jan Stanislaw Lewinski
역 자 정동호 · 김은아 · 강승묵
발행인 이 방 원
발행처 세창출판사
　　　　서울 서대문구 냉천동 182 냉천빌딩 4층
　　　　전화 723-8660　　팩스 720-4579
　　　　E-mail: sc1992@empal.com
　　　　homepage: www.sechangpub.co.kr
　　　　신고번호 제300-1990-63호

정가 17,000 원

ISBN 978-89-8411-188-2 93360